インドネシア上演芸術の世界
伝統芸術からポピュラーカルチャーまで

福岡 まどか 著

大阪大学出版会

はじめに

　本書はインドネシアの上演芸術についての入門書である。具体的には大阪大学の国際教養科目Ⅰ「アジアの文化と社会を知る」における「東南アジアの上演芸術」のテキストとしての性格をもたせてある。授業では東南アジアの上演芸術を概観しその特徴を考察することを目指している。本書の中ではインドネシア・ジャワ島の上演芸術を中心として取り上げたが、東南アジアの演劇、楽器や音楽、舞踊、ポピュラーカルチャーについての記述も随所に挿入し、できるだけ東南アジアの上演芸術の特徴的要素がわかるようにこころがけた。

　2008年以降、各学部や専攻から集まった1・2年生を対象に行ってきた国際教養の授業では毎年さまざまなコメントが寄せられ、それらを参考にしながら授業の構成や内容を考えてきた。現在約180名いる受講者には、東南アジアの言語や文化を専攻している学生もいれば、東南アジアとは関連のない専攻の学生もいる。受講生の中には言語や地域に関心のある人も、専攻にかかわらず芸術に関心がある人もいる。そうした受講者からは初めて見る映像や初めて聴く音楽に関する疑問や驚きなどの感想が多く寄せられた。彼らのコメントや質問からは、それまで自分が抱いていた音楽や舞踊のイメージと東南アジアの音楽や舞踊との違いについて、芸術家の熟練した技について、芸術と社会との関係について、また人々を取り巻く自然環境の中から材料を選びそれを手仕事によって楽器や人形や仮面にしていくプロセスについて、多くの共感や違和感が読み取れた。

　多様な表現活動やモノ作りを含めた広範にわたるトピックを概観し、インドネシアの上演芸術をてがかりにしながら東南アジアあるいは日本を含む世界各地の上演芸術についても考えることができるような入門書を作りたいと

考えて書いたのが本書である。各章には本文に加えて、関連する話題を扱ったコラムとガイディング・クエスチョン、文献資料と視聴覚資料の紹介がつけられている。ぜひ参考にしつつ読んでみてほしい。またインドネシアの上演芸術に関心を持ち知識をさらに深めていきたいと考える多くの人々にも、本書が読まれることを望んでいる。

　演劇や音楽や舞踊などの上演芸術は時間の経過とともに進行していく時間芸術である。上演はその時間と場を経験してこそ感じることができる一回性のものであり、録音や映像で記録することはできるが、絵画や彫刻のように作品が目に見える形をとって残ることはない。こうしたタイプの芸術についてその特徴を文字で記述しながら説明するのはとても難しい作業であると常に感じている。現地で実際に上演を観てくること、あるいは実際に上演に参加してみることが芸術を知るためのもっとも有効な方法であるだろう。だがいつでも上演を観られるとは限らず、上演に参加する機会を得るのはさらに難しいかもしれない。また芸術上演に触れる機会があっても言葉の問題や背景の知識の不足によってあまり理解できずに楽しめないという場合もあるだろう。文字で記述することの限界を痛感しつつも、本書ではできるだけわかりやすくインドネシア上演芸術の特徴を伝えるために多くの写真を掲載した。これらの写真もてがかりにしながら本書を読んで、上演芸術が宗教や信仰、儀礼、自然環境、人々の生活や社会状況などと密接に結びついていることを知ってもらえれば幸いである。

　異文化を知ることは自文化について見つめなおすチャンスにもなるだろう。インドネシアの人々と芸術との関わりを通してわたしたちを取り巻く上演芸術についても考える機会をもって欲しい。そしてまたこれを機にインドネシアの上演芸術にさらなる関心を持つ人が増えてくれたら、筆者としては望外の喜びである。

目次

はじめに ……………………………………………………………… i

第1章　インドネシアの上演芸術 …………………………… 1
　1 − 1　歴史と文化の重層性　2
　1 − 2　本書の構成　5

第2章　芸術が上演される機会 ……………………………… 7
　2 − 1　人生儀礼における芸術上演　9
　2 − 2　農耕儀礼における芸術上演　12
　　コラム　儀礼における芸術上演と供物　15
　2 − 3　芸術家の社会における位置づけ　17
　2 − 4　芸術家の性別役割分担　19
　2 − 5　現在の芸術上演の機会　21
　2 − 6　華人コミュニティーにおける芸術上演　24
　2 − 7　イスラームの儀礼における芸術上演　26
　　コラム　ジャワの伝統的な屋敷と芸術上演　28
　　コラム　屋外での芸術上演　29
　　ガイディング・クエスチョン　30
　　読書案内　31
　　視聴覚資料案内　31

第3章　演劇と物語世界　………………………………………… 33

　3−1　影絵と人形劇　33
　3−2　政治的言説における影絵と人形劇　39
　　コラム　東南アジアの影絵と人形劇　40
　3−3　古代インドの叙事詩ラーマーヤナとマハーバーラタ　42
　3−4　ラーマーヤナ　43
　3−5　ラーマーヤナのエピソード事例　44
　3−6　観光芸能におけるラーマーヤナ　46
　　コラム　東南アジア大陸部の演劇におけるラーマーヤナ　50
　　コラム　ラーマーヤナに基づく映画『オペラ・ジャワ』　51
　3−7　マハーバーラタ　52
　3−8　マハーバーラタのエピソード事例　54
　3−9　マハーバーラタに基づく創作作品　58
　3−10　ワヤンのコミック　60
　　コラム　マハーバーラタに基づく映画と演劇　62
　3−11　人形の造形と「性格」　63
　3−12　影絵と人形劇におけるジャワ島起源の物語　65
　3−13　影絵・人形劇と厄除けの物語　66
　3−14　ジャワ島の大衆演劇と現代演劇　68
　3−15　詩の朗読　69
　　ガイディング・クエスチョン　70
　　読書案内　70
　　視聴覚資料案内　71

第4章　音楽と楽器　……………………………………………… 73

　4−1　ガムラン音楽の特徴　74
　4−2　金属打楽器の製作　76

iv

4－3　ガムランの楽器編成の事例　80
4－4　口頭伝承のガムラン音楽　82
4－5　東南アジアにおけるゴング文化　84
4－6　竹の楽器の合奏　85
　コラム　東南アジアの竹の楽器　88
　コラム　東南アジアの木琴とコキュウ　89
4－7　合奏における太鼓の重要性　91
4－8　古典歌謡　92
4－9　楽器の造形と象徴性　93
4－10　インドネシア音楽の海外への影響　95
4－11　西洋音楽の影響　96
4－12　現代的サウンド創りをめざす楽団　サンバ・スンダ　97
　コラム　外来文化によってもたらされた楽器　99
　ガイディング・クエスチョン　100
　読書案内　100
　視聴覚資料案内　100

第5章　舞踊 ……………………………………………………… 103

5－1　宮廷舞踊・古典舞踊　104
　コラム　カンボジアの古典舞踊アプサラ　107
5－2　舞踊におけるトランスジェンダー　108
5－3　舞踊と音楽との関係　109
5－4　舞踊の楽譜　110
5－5　舞踊専門の教育機関　112
5－6　民俗舞踊、護身術舞踊　114
5－7　舞踊における化粧と衣装　115
5－8　仮面と仮面舞踊　117
　コラム　東南アジアの仮面　121

コラム　土産品の仮面、人形、楽器　122
　5-9　アラブ起源の舞踊　124
　5-10　現代舞踊　124
　5-11　民俗舞踊に基づく創作舞踊　126
　　ガイディング・クエスチョン　129
　　読書案内　129
　　視聴覚資料案内　130

第6章　ポピュラーカルチャーの発展 …………………… 131

　6-1　クロンチョン音楽　132
　6-2　選挙キャンペーンでのクロンチョン音楽の演奏　134
　6-3　ダンドゥット　135
　6-4　イヌル論争　139
　6-5　マス・メディアとポピュラーカルチャー　140
　6-6　多様なポピュラー音楽の発展　142
　6-7　ジャワ島西部のポップ（ポップ・スンダ）の先駆者　ウピット・サリマナ　146
　6-8　映画産業の発展　147
　　コラム　英領マラヤの映画産業を担った華人たち　154
　　コラム　マレーシア音楽・映画の父　P.ラムリー（1929-1973）　155
　　ガイディング・クエスチョン　156
　　読書案内　157
　　視聴覚資料案内　158
　　映画　158
　　コラム　東南アジアのポピュラーカルチャーに影響を与えたインド映画　159

第 7 章　上演芸術の保存と継承 …………………………… 161

　7 - 1　上演芸術の変容　162
　7 - 2　文化政策　163
　7 - 3　芸術教育機関の設立　164
　7 - 4　芸術保存と継承の取り組み　166
　7 - 5　研究者の参与の可能性　167
　7 - 6　伝統芸術を次世代に伝え遺す活動　168
　コラム　ユネスコの無形文化遺産に指定されている上演芸術　172
　ガイディング・クエスチョン　173
　読書案内　173
　視聴覚資料案内　174

参考文献・資料 ……………………………………………………… 175
おわりに ……………………………………………………………… 186

[インドネシア・マレーシア]

第1章
インドネシアの上演芸術

　東南アジア最大の群島国家であり約2億5千万の人口を擁するインドネシアは、その巨大なマンパワーによって勢いを増す経済、豊富な天然資源や多様な生態系などで注目されつつあるが、上演芸術の宝庫としても知られている。金属打楽器の大規模なアンサンブルであるガムラン *gamelan* 音楽や影絵ワヤン・クリット *wayang kulit* などについて聞いたことがあるという人も多いだろう。インドネシア芸術の特徴はその多様性にある。広い地域に、多くの民族が住み、多言語・多宗教・多文化の入り混じる中で生活が営まれている。国土の面積は約189万平方キロメートルで日本の5倍以上に及ぶとされ、これに海域も含めた範囲が群島国家インドネシアを構成する。東西の距離は約5000キロでこれは日本からインドネシアの首都ジャカルタへの飛行距離とほぼ同じだとされ、また南北の距離も約3000キロに達している。この広大な範囲に1万数千の島々が点在している（地図）。多様な自然環境、数々の文明の影響を受けて歴史的に築かれてきた文化的重層性、地理的・空間的な広がりを考慮しつつ、上演芸術の成り立ちやその特色について考えてみたい。本書ではその多様性を網羅することは難しいが、特にジャワ島の上演芸術に焦点を当てて考察を行いながらインドネシア芸術の特徴的要素について考えてみたい。そして隣接するバリ

第1章　インドネシアの上演芸術

島をはじめとして他地域の上演芸術についても必要に応じて取り上げる。また東南アジア各地の上演芸術についてもコラムなどで取り上げ、東南アジアの上演芸術に共通する特色やその多様性についても考えてみたい。

1-1　歴史と文化の重層性

　伝統的な音楽、舞踊、演劇などの上演芸術の多くは人々の宗教、信仰とそれを基盤とする儀礼との深い関わりの中で形成されてきた。インドネシアの人々の宗教的生活の基盤には土地、山、岩、樹木などの自然物に宿る精霊に対する信仰、祖先の霊に対する崇拝、超自然的な力を持つ聖人やそうした人物にまつわる場所やモノなどに対する崇拝を見ることができる。5世紀から8世紀ころにはインド伝来のヒンドゥー教と仏教が受容されており、その後14世紀までのジャワ島ではヒンドゥー・ジャワ文化が発展して精緻な芸術文化が育まれた。13世紀末にスマトラ島にイスラーム教が伝わりアラブやペルシアの商業活動の拡大にともなって海洋交易路を通して16-17世紀までに急速に広まっていった。ジャワ島では14世紀までに隆盛を誇ったヒンドゥー・ジャワ文化の影響のゆえにインドの叙事詩をはじめとする物語世界に基づく多様な上演芸術が発展した。栄華を誇った宮廷文化にイスラーム文化の影響も取り入れつつ、これらの融合した独特の文化が育まれた。宮廷文化の歴史の中では中国との婚姻関係なども含め多くの文化的融合が起こり、精緻で洗練された文化が形成されてきた。
　観光地として知られるバリ島はジャワ島に隣接しているがイスラーム化の波が及ばず、「バリ・ヒンドゥー」と呼ばれるバリ化されたヒンドゥー的信仰と文化が現在まで見られる。また本書では触れていないが、キリスト教化した地域も見られる。スマトラ島のバタック人、スラウェシ島のミナハサ人の間ではプロテスタントの信者が多く、東インドネシアのティモール島やフローレス島などにはカトリックを信奉する人々が多い。これらの宗教や信仰に関わるさまざまな儀礼の中で芸術が上演されてきた。インドネシアの宗教的多様性の中では精緻で重層的な芸術文化が生み出され

てきたが、その一方で広大な国土においてさまざまな生業との関連を持つ豊富な民俗芸能の存在も見られる。

　現在、国民の9割近くがイスラーム教徒であり、インドネシアは世界最多のムスリム人口を擁する国でもある。本書で中心的に取り上げるジャワ島では、人々の信仰は混淆的である傾向が強く、土着的、ヒンドゥー的な伝統が色濃く見られる場合も多い。一般的にイスラームでは歌舞音曲が忌避される傾向にあるが、ジャワ島のイスラーム聖人にはガムラン音楽や影絵芝居などの創始者として位置づけられる人物も存在し、イスラームの布教も演劇などを通して行われたとされている。現在でも王宮文化を中心に芸術上演はさかんに行われておりイスラーム的信仰と豊富な上演芸術は共存がなされてきたと言えるだろう。また後述するようにアラブ起源の音楽、楽器、舞踊などももたらされ、イスラームに関連する儀礼の中で芸術上演が見られることも多い。

　東南アジアの多くの国と同様にインドネシアは20世紀半ばに植民地からの独立を経て成立した。17世紀以降独立までの植民地化の時代には宗主国の文化的な影響も受け、植民地化にともなう多文化的状況の中で独自の芸術が生み出された経緯もあった。17世紀半ばに香料貿易の利益をめぐる覇権を握ったオランダの植民地支配は3世紀以上に及んだ。後述するように、オランダ時代以前に勢力を誇っていたポルトガル人の末裔が植民地都市の中で創りだした独自の音楽ジャンルなども見られる。また第二次世界大戦中の3年半にわたる日本占領時代には天然資源や人的資源の収奪が続けられた歴史もあった。20世紀初頭に芽生えた民族主義運動は徐々に発展し、インドネシアは1945年に独立を宣言し、独立闘争を経て1949年に独立を遂げる。独立宣言から70年目を迎えた現在のインドネシアは植民地時代の枠組みを継承しつつ成立した比較的新しい国民国家であり、多様な民族を擁する広大な国家の統一は常に重要な問題であった。このことは文化や芸術においても同様で、各地でさまざまな民族集団の人々が育んできた芸術の保存と発展を促進し多様な芸術の集積による国民芸術を創成することは常にインドネシアの課題であり続けた。こうした国民芸術の

創成は文化政策の中でも推進されてきた。

　このような歴史的経緯はこの地におけるヒンドゥー文化とイスラーム文化の影響、交易などを背景とした多くの外来文化の影響、支配者として当地に入った西洋諸国の文化的影響の存在を物語っている。また華人をはじめとする移民コミュニティーの人々が育んできた多様な上演芸術のジャンルも見られる。

　上演芸術の顕著な特徴としては、さまざまな儀礼と密接な関連を持つものが多いこと、多様な物語世界とそれを支える豊富な演劇のジャンルが存在すること、外来の要素を取り入れて新しい芸術ジャンルを生み出す試みが続いてきたことなどが挙げられる。多くの上演芸術は器楽・舞踊・演劇・朗唱・歌謡などが一体となった総合舞台芸術であり、人が演じる形態とともに仮面劇や人形劇・影絵などが多い。またゴング文化で知られる東南アジアの中でも最大規模の金属打楽器の合奏形態が見られ、青銅、鉄などの金属加工の高い技術が培われてきた。特に青銅を用いたこうした大規模な合奏音楽は主に宮廷などを中心として発展した。一方で豊富な自然環境のゆえに竹をはじめ、トウ（籐）、木材、スイギュウの皮などの素材を用いた楽器演奏のジャンルも多く、さまざまな民俗芸能も存在する。

　古代インドの二大叙事詩であるラーマーヤナとマハーバーラタは上演芸術の主要な題材となっており、それに加えてジャワ島独自の英雄譚やマレー起源などの物語を含めた膨大な物語のレパートリーが上演芸術の土台となっている。一方で16世紀以降に急速に浸透したイスラーム文化の影響も見られる。交易によってもたらされた西アジアや南アジアの文化、植民地支配にともなって浸透した西洋文化とともに、19世紀以降に植民地都市の大衆演劇を介してインド経由でもたらされた各地の上演芸術、楽器などの影響も見られる。欧米の影響を受けつつ伝統芸術のさまざまな要素を融合しながら独自に発展してきたポピュラーカルチャーも多く見られる。

　本書の中では伝統芸術からポピュラーカルチャーに至る多様な上演芸術を取り上げてその特徴的要素を考察してみたい。

1-2　本書の構成

　以下に本書の構成を記す。第2章では芸術が上演される機会について考察する。人生の諸段階における儀礼にともなう上演、稲作農耕における上演について概観した後、伝統社会における芸術家の位置づけを考察する。また現在の多様な芸術上演の機会、人々のアイデンティティや社会的紐帯を確認する場としての芸術上演の機会についても考察する。

　第3章では演劇とその物語世界について考察する。特に影絵と人形劇に焦点を当てて、その主たる題材である古代インドの叙事詩ラーマーヤナとマハーバーラタについて、伝播の経緯、上演における演目内容、それぞれの叙事詩の特徴について考察する。また人形の造形やそれが表す「性格」表現についても概観する。さらにジャワ島起源の物語世界とそれらを題材とする上演芸術についても考察を加える。また大衆演劇や現代演劇についても補足的に記述する。

　第4章では音楽と楽器に焦点を当てる。楽器の二大素材とされる金属と竹を中心として、さまざまな楽器や合奏形態について考察する。また楽器の造形の特徴や楽器の社会における象徴的な位置づけなどについても考察する。さらにインドネシア音楽の海外への影響やインドネシアにおける西洋音楽の影響についても考察する。

　第5章では舞踊を取り上げる。宮廷舞踊・古典舞踊、民俗舞踊、護身術舞踊などについて概観した後、化粧や衣装と舞踊との関連、また仮面と仮面舞踊について考察する。イスラーム起源の舞踊、現代舞踊、さまざまな創作舞踊なども取り上げてその特徴を考察する。

　第6章ではポピュラー・カルチャーに焦点を当てる。植民地支配による西洋文化の影響を受けて生まれた新たな音楽ジャンルであるクロンチョン、外来音楽との融合によって生まれたダンドゥットについて考察し、マスメディアの発展と今日のポピュラーカルチャーの現状についても検討する。また映画と映画産業についても考察を加える。

　第7章では上演芸術の保存と継承について考察する。グローバル化する

第 1 章　インドネシアの上演芸術

現代世界における上演芸術を取り巻く状況の変化、政府による文化政策、NGO などの民間団体による保存や継承の取組みなどについて考察する。

第2章

芸術が上演される機会

　音楽、演劇、舞踊などの上演はさまざまな機会に行われる。伝統的共同体の儀礼などにおいては、芸術は宗教や信仰の中で神や祖霊や精霊などへの捧げものであると同時にそれらの存在と交信を行い、時には抑制の困難な力をしずめるための重要な手段でもある。楽器の音、人間の声、様式化された身体動作などを通した創造的な営みは、人々を楽しませるだけでなく、目に見えず形のない存在に対してはたらきかけることも可能にする。また化粧を施し仮面や衣装を身につけ舞踊や演劇を上演し、人形を用いて演劇を創りだすことによって、伝説、神話、想像の世界にいる目に見えない存在を形のあるものとして人々の眼前に登場させることも可能となる。時には特定の音や身体運動、物語の展開にともなってトランス状態に導かれた踊り手や演者が、これらの存在と一時的に一体化することも見られる。芸術上演の場ではさまざまなやり方で神や霊の世界と人々の日常世界をつなぐ場が創出されてきたと言えるだろう。
　ジャワ島では誕生から死に至る人の一生の節目に関わる人生儀礼の中で、また、稲作農耕に関わる種々の儀礼の中でも芸術上演が頻繁に見られる。
　インドネシアで大多数を占めるイスラーム教徒の人々の儀礼においても

第 2 章　芸術が上演される機会

芸術上演が見られる。上述のように通常イスラームの教えの中では歌舞音曲は忌避される傾向にあるが、ジャワ島ではイスラームに関連する儀礼にともなう歌謡や楽器演奏などのジャンルも見られる。また全体的には影絵や人形劇などは盛んであるが、イスラームにおいて偶像崇拝が禁止されているという理由も相まって影絵や人形劇の上演をしない地域も見られる。だがジャワ島の多くの地域で伝統芸術とイスラーム的教えとの共存が見られ、人々はイスラームの教えを信じつつ古くから伝わる精霊や祖霊への信仰、ヒンドゥー的要素、神秘主義的要素が強い伝統芸術の上演を育んできた。

　この他にも芸術上演はさまざまな祝い事に際して見ることができる。伝統的暦の中の特定の日、家の新築儀礼、政党の集会、学校行事、自治体の行事などの機会にも見られる。芸術センターや劇場などでの商業的な上演や実験的ワークショップも多く見られる。また芸術上演は、移民コミュニティー内や都市に住む特定の地域や民族出身の人々の集団においてその出自や紐帯を確認するための指標ともなり得る。さらに観光化もまた芸術上演の重要な機会となり、芸術上演のあり方にさまざまな変化を及ぼしている。

　また現在インドネシアの人々が日常生活の中でもっとも頻繁に触れるのは、マスメディアを通した芸術上演であるだろう。音源のメディアとしては 20 世紀前半にレコードやラジオの普及が見られた。また映画に親しみ、映画を通して音楽を楽しむという状況も見られた。1970 年代後半からはラジカセやテレビが各家庭に徐々に普及した。1980 年代にはカセットテープが主要な音源のメディアであった。1990 年代には CD や VCD（ヴィデオ CD）などのメディアも見られるようになり、音源だけでなく画像メディアも普及してきた。最近ではコンピューター、携帯電話などのパーソナルメディアを通して人々が芸術上演を含めたさまざまな情報にアクセスする機会が増えている。画像メディアへのアクセスが容易になるとともに、伝統的な影絵や人形劇などの上演も、ライブだけではなくテレビや Youtube などを通して広く普及している。欧米、インド、中東などの音楽

や上演の映像も普及しており、またそれらを融合した新しいジャンルが生み出されてきたプロセスも見られる。メディアを通して流行するポピュラーカルチャーの隆盛もまた現在のインドネシアに見られる顕著な特徴であると言える。

以下に人生儀礼における芸術上演、農耕儀礼における芸術上演、上演者の社会的位置づけ、芸術家の性別役割分担、現在の上演機会、華人コミュニティーの芸術上演、イスラーム儀礼における芸術上演、の各項目について考察する。

2-1　人生儀礼における芸術上演

ジャワ島の人々の生活の中では、誕生、結婚などの人生の諸段階における儀礼の中で音楽、演劇、舞踊などの上演を頻繁に見ることができる。本書ではこうした人生の諸段階における儀礼を「人生儀礼」と呼ぶが、これらの儀礼は「通過儀礼」と呼ばれることも多い。人生儀礼は人間が人生のある段階から次の段階へ移行するための重要な節目となる。芸術上演はこうした儀礼を滞りなく遂行し終了するために必要だとされてきた。芸術上演は儀礼の場に集まった人々あるいはその場に降臨した目に見えない存在を楽しませるという側面も持っているが、それだけでなくそうした目に見えない存在に対する捧げものである場合もある。また儀礼の場で人々が集まってともに上演を経験するということが重視されてきたと言えるだろう。

誕生の儀礼にはさまざまなものがあるが、芸術上演をともなうものは、初産の妊娠7ヵ月の儀礼、出産後の臍の緒を切る儀礼、誕生日などが挙げられる。地域にもよるが、楽器演奏と歌謡、影絵や人形劇、仮面舞踊などが演じられることが多い。また出産の場でも詩の朗誦などが行われる地域もある。

ジャワ島には初産の妊娠7ヵ月に行うティンケバン *tingkeban*（あるいはミトニ *mitoni*）と呼ばれる儀礼がある[1]。これは初産の妊娠の無事を祈って

第 2 章　芸術が上演される機会

写真1：仮面舞踊の競演の一場面
競演はクプ・タルン（「蝶の戦い」の意）と呼ばれる

親族や近隣の人々が妊婦とその夫に花の入った聖水をかける儀礼である。この儀礼の中では7カ月にちなんで7という数字が重視される。供物や供される食べ物、また妊婦が聖水を浴びる際に取り換える布の数なども7種類用意される。地域によっては影絵を上演し、また最近ではイスラーム歌謡などを上演することもあるが、ジャワ島北部のチルボンでは後述する仮面舞踊を上演することが多い。仮面舞踊には2つ以上のグループが向かい合って同時に競い合うように上演を行う競演の形態がある（写真1）。初産妊娠7カ月の儀礼の場合には、実現は困難であるものの、7つのグループあるいは7人の踊り手による競演が望ましいとされている。実際には7つのグループによる競演は難しいが、芸能者の家族などがこの儀礼を行う場合には、2つのグループと2人の踊り手による競演の形態が見られることもある。

　インドネシアではイスラーム教徒の間で男児の割礼が行われている。この儀礼では8-10才くらいの男児の生殖器の包皮を切除する。ジャワ島西部ではこの儀礼の際にゴトン・シンガ gotong singa と呼ばれる芸能を演じる。獅子をかたどった輿に男児を乗せて行例をして近隣を練り歩く。その後、施術を終えた男児は両親とともに正装して客を招待したお披露目の会を行い、楽器演奏、歌謡、舞踊上演、影絵、人形劇などが行われる。

---

1) Geertz 1976：38-45

2-1 人生儀礼における芸術上演

　結婚式でも、新郎を新婦の家に迎え入れる儀礼、新婦が聖水を浴びる儀礼、新郎新婦が行う種々の儀礼など数日にわたるプロセスを経て、その後に披露宴が行われる。ここでも同様に芸術が上演される。それぞれの儀礼のプロセスにおいて歌謡や演奏が行われることも多く、また披露宴でも多くの芸術上演が見られる。これらの披露宴は、自宅に仮設のステージを作って行う場合も、また会場を借りて行う場合もある。招待客はご祝儀や祝いの品を持って参加し、新郎新婦とその両親にあいさつをして祝福の意を伝えてから食べものを皿に取り食事をしながらひとしきり上演を楽しみ再び家族にあいさつをして帰るというパターンが多い。招待客が限られている着席式の披露宴と異なり、ジャワ島の割礼や結婚式などでは多くの招待客が次々と訪れるので、音楽や舞踊の上演は通常1日中続けられる。影絵や人形劇は一晩中上演され、招待客や近隣の人々は明け方まで上演を楽しむ。こうした披露宴での芸術上演は招待客を楽しませるために行われるという側面もあるが、一方で儀礼との関連も見られる。影絵や人形劇の演目は、叙事詩の一部を演じる場合もあり、人形遣いの創作した演目を上演する場合もある。人形遣い自身が選定することもあるが、儀礼の種類に合わせてふさわしい内容が選択されることも多い。たとえば出産の祝い事であれば叙事詩の中の武将や姫の誕生の物語、割礼であれば勇者の幼少期の物語、結婚であれば貴公子の結婚の物語が選ばれることもある。

　バリ・ヒンドゥーと呼ばれる独特の宗教を育んできたバリ島の人々は火葬儀礼を行うことで知られている。バリ島では死者の霊が祖霊になるまでにさまざまな儀礼があり葬儀のすべてのプロセスが終了するまでには時として数カ月あるいは数年にまたがる長い期間が必要となることもある。これらのさまざまなプロセスの中で芸術上演が見られるが、火葬を行う際にも楽器演奏をともなう大規模な行列を行う（写真2、写真3）。

　このように、芸術上演はさまざまな人生儀礼の中で見られ、これらの儀礼を滞りなく終了させるために必要であると考えられてきた。一方で儀礼における上演には変化も見られる。近年では、長時間にわたる上演が翌日の仕事や学校に影響すること、多人数の上演に人件費がかかることなどか

第 2 章　芸術が上演される機会

写真 2：火葬に向かう人々の行列（バリ島）

写真 3：楽器の演奏をする人々（バリ島）

らこれらの上演が簡略化されることもある。また都市部などを中心に見られるイスラーム意識の高まりの影響によってジャワ島の一部の地域ではヒンドゥー的・土着的要素の強いガムラン音楽や影絵などを敬遠する傾向も見られる。

2-2　農耕儀礼における芸術上演

　水稲耕作をはじめとする種々の生業に関わる儀礼にも芸術上演を欠かすことができない。田植え、収穫などの機会に影絵や人形劇を上演することも多い。影絵や人形劇の中では後述するインド起源の叙事詩を演じることもあるが、儀礼によっては稲の起源神話などの特定の物語が定められている場合もある。その場合には通常昼間に稲の起源神話、夜にはインド起源の叙事詩を上演することが多い。
　ジャワ島北岸のチルボンでは田植えから収穫に至るプロセスの中でいくつかの儀礼が行われる。
　田植え前の儀礼ミデル・タナ mider tanah は 11 月から 12 月にかけて行われる。この儀礼では村長と村の成人男性が村の水田の範囲を確認する。村の中心の広場にプリン・ガディン pring gading と呼ばれる黄色い竹を立てて、そこを出発点として他村の水田の境界を数時間かけて歩いて回る。

2-2 農耕儀礼における芸術上演

そして境界のいくつかの地点にも竹を置いていく。この儀礼にはさまざまな決まりごとがある。たとえば、参加する男性は長ズボンか腰布を着用し素足で歩くこと、歩いている間に喋ってはならないこと、途中で水の流れなどに行きあたった場合には、またいだり飛び越えたりせずに足を踏み入れること、などである。プリン・ガディンという特別な種類の竹を植えるのに使う鍬は村所有のもので1年に一度この機会のみに使われると言われている。また村の男性たちは列をなしてとぎれないように歩く。途切れたり取り残される者が出たりすると、そうした場所から害虫が入り作物が育たなくなると言われている。

この儀礼の翌週に村の広場に人々が集まってスデカ・ブミ sedekah bumi と呼ばれる儀礼が行われ、影絵や仮面舞踊が上演される。この地域では通常、昼間に仮面舞踊、夜に影絵が上演されるが、この儀礼の中では昼間に影絵が上演されることもある。昼間の影絵は影を映すことはないのでスクリーンをはらずに人形のみを使って上演する。演目は稲の起源神話を上演するのが普通である[2]。

この他に、田植えの2カ月後に稲に聖水をまく儀礼、収穫した稲を村の集会場に運んで行う収穫祭なども見られる。こうした儀礼の際には、稲の女神であるデウィ・スリにまつわる演目群から成る稲作農耕の神話を影絵などの形態で上演する。稲作農耕儀礼において上演される演目は稲の女神スリと王子スダナとの物語をはじめとして、女神がさまざまな作物に姿を変えるエピソード、女神が害虫を作物から取り除くエピソード、女神が神々の棲みかへ帰還するエピソードなどがある。影絵芝居を昼間に屋外で上演する際には影を映すことができないためスクリーンを用いずに人形のみを用いて上演を行う。こうした影絵の昼間の上演は儀礼的な要素が強い上演となる。また昼間には影絵と並行して仮面舞踊を上演することもある。一方で夜の影絵の上演では、インド起源の叙事詩に基づく物語やこれらの題材を使った創作などを上演することが多い。

---

2) 福岡 2002:48

第2章　芸術が上演される機会

　ジャワ島北岸のチルボンで稲作農耕の節目に行う儀礼の中で独特なものは、カシノマン *kasinoman*（若者を意味するシノムが語源）と呼ばれる儀礼である。これは田植えに先立って村の若い男女が豊穣を願って行う予祝儀礼の一種である。参加する村の男女は結婚前の若者に限られる。男女それぞれのグループには「村長」と「隣組長」と呼ばれる役割の者がおり、若い男女のグループがそれぞれ村の行政組織を縮小したような形態をあらわしている。男女のグループはそれぞれのリーダーの家に集まって盛装をする。女性たちは頭に植物の葉を使った独特の装飾を行う。準備ができると村の本当の村長が二つのグループを迎えに行き、村の中を全員が行列して集会場へ到着する。この儀礼では男女それぞれに芸術上演が用意される。若い男性たちのためにはロンゲンと呼ばれる女性歌手による上演が多く見られたが、近年では後述するダンドゥット *dangdut* などの流行歌が上演されることが増えている。一方で若い女性たちのためには仮面舞踊が上演される。若い女性たちが舞台の前に二列に向かい合って座り、その間の細い通路が仮面舞踊を演じる空間となる。この儀礼の場合には、仮面舞踊を演じるのは男性の踊り手（若くなくても良い）に限られている。仮面舞踊手は通常、村のお抱えの踊り手が決まっており、特定の村あるいは家系の踊り手に上演を毎年依頼することが多い。上演は昼間と夜に行われる。夜の上演では、上演の終了近くになると少女たちも踊り手とともに歩き、曲の切れ目には一斉に投げ銭を行うとされている[3]（Suanda 1983：49）。カシノマンの日に限っては、村の若者たちは好きなように振る舞って、村に対してさまざまな要求をすることも許されるとされている。

　このように稲作農耕をはじめとする種々の生業に関わる儀礼においても、芸術上演は重要な位置づけをもっている。

---

[3] Suanda 1983：49

コラム　儀礼における芸術上演と供物

儀礼の際にはさまざまな供物が用意される。儀礼にともなう仮面舞踊の上演の際には、米（調理した米飯も用いる）、調理したニワトリ、卵、水差しの水、コインなどに加えて、ベテル・チューイングの一式などが見られる。ベテル・チューイングは東南アジアに広く見られる嗜好品の一種で、キンマの葉（シリと呼ばれる）で包んだ檳榔樹の実（ベテル・ナッツ、ピナンと呼ばれる）や石灰などを噛む習慣である。噛むことによって一種の刺激感が得られ疲労回復や空腹感緩和などに効果があると言われる。また唾液が真っ赤に染まり常習すると歯や唇が赤くなるという特徴がある。日常的に常習する場合もあり、また来客や儀礼などの際に用いられる場合も多い。これらのキンマ、ベテル・ナッツ、石灰などを専用の容器に並べた一式は儀礼の際の供物として珍重されており、そのための容器も地域によって漆、金属などを用いてさまざまな意匠をこらしたものが用意される。東南アジア各地で多様な形態の容器が見られる。

1960年代にジャワ島東部で調査を行った人類学者のクリフォード・ギアツは初産の妊娠7カ月の儀礼の際に用意される供物について記述している。それによればジャワ島東部のある村では、上記のような供物に加えて鏡や櫛、織物などが用意された。またこの儀礼独特の供物として、機織りの時に縦糸の間に横糸を通すための道具である杼（ひ）も供えられるという[4]。このように供物の

**写真4：ジャワ島中部の仮面劇
　　　ワヤン・トペンの供物**

---

4) Geertz 1976：42

第 2 章　芸術が上演される機会

内容にも共通のアイテムとその地域独自のアイテムが見られる。
　仮面劇や影絵の際にも供物が用意される[5]。トゥンパンと呼ばれる円錐形状に成型した米飯、焼いたトリ、ココヤシ、卵、バナナなどがスクリーンや楽器の前に置かれる（写真 4）。このほか音楽演奏の際にも供物が用意される。後述する金属打楽器の合奏音楽ガムランを演奏する際には、儀礼の種類にかかわらず楽器の中でもっとも大型のゴングの前に、花、食べ物、線香などの供物を用意する。また上演とは別に仮面舞踊の踊り手たちが上演に用いる仮面に対して定期的に香を焚いて祈り、供物を捧げることも多く見られる。芸術上演に用いる楽器や仮面に供物を捧げて祈るのは、これらが人間の技術によって操作可能な単なる道具ではないことを示しているだろう。人々は仮面や楽器などのモノに秘められた力とも向き合いながら上演を行ってきた。

---

5) Keeler 1992：58

2-3　芸術家の社会における位置づけ

　前述のように儀礼の中で芸術を上演することは、儀礼を滞りなく完了させる上で重要だと考えられてきた。ジャワ島の村落部ではさまざまな儀礼に際して芸術上演が行われるため、それを演じる上演者たちもまた地域社会の中で必要な存在とされてきた。地域によって違いはあるものの、現在でも踊り手や人形遣いが舞台上である種の特別な力を持っているという考え方は見られる。影絵の人形遣いや仮面舞踊の踊り手には芸術家の家系の中で数世代にわたって芸を継承してきた人が多く、彼らには舞台上での上演中にカリスマ的な力が宿ると考えられてきた。人々は上演中に近所でこどもが生まれた時に踊り手や人形遣いに名づけを依頼し、病気の治療を依頼する場合もあった[6]。ジャワ島の村落では、特に影絵の人形遣いに対してこうした特別な力を持つ存在として重視する傾向が強く見られる。人々の話によれば以前は影絵の人形遣いがいない場合に土地を用意し家を建てて人形遣いを村に住まわせたということもあった[7]。儀礼を無事に済ませるために芸術上演の力が必要だという考え方は根強く見られ、上演者たちは村の権力者や名士とはやや違う位置づけにあるものの特別な技能と知識を持つ人々と見なされてきた。通常、踊り手や人形遣いは上演のなわばりのようなものを持っている。儀礼にともなう上演の場合には、村ごとに代々決まった家系の芸術家に上演を依頼してきた。

　影絵の人形遣いや仮面舞踊の踊り手たちは、こうした特別な力を得るために定期的な断食や瞑想を行って自らの内面の道を極めていく修行も行ってきた。これらの修行はクバティナン *kebatinan* と呼ばれるジャワ神秘主義の実践とも共通するものであるが、芸術家たちは上演を無事に遂行するために、また不測の事態に備えて精神力を養うためにこうした修行を定期的に行っている。さらに特別な力はモノにも宿るとされており、上演に用

6）福岡　2002：59-60
7）Suanda 1983：22-23

第2章　芸術が上演される機会

いる人形、仮面、楽器などに対しても定期的に祈りを捧げ供物を供える。仮面舞踊のさかんなジャワ島北岸のチルボンでは、古い仮面の裏側を削ってそれを煎じて飲むと病気が治るという話も頻繁に聞かれた。由緒ある芸術家はこうした特別な力を持つモノの継承者でもある。

　インドネシアは多くのイスラーム教徒を擁する国であり特に近年は都市部を中心にイスラーム意識の高まりが見られる。こうした状況の中で、上記のようなジャワの芸術家たちの力に対する考え方や修行や瞑想などの実践が、正統なイスラームの考え方から批判を受けることもある。だが人々はイスラームを信じていると同時に伝統芸術を演じる芸術家の持つ力に対しても敬意をはらっている。時代の変化や地域による差はあるものの、ジャワ島では豊富な上演芸術の実践とその実践の基盤となる考え方はイスラームの教えと共存しながら現在に至ってきたと言えるだろう。

　上演者たちの社会的な位置づけは一様ではないが、現在のジャワ島では芸術活動のみで生活が成り立つのは人気の高い少数の人に限られている。芸術活動で生活するためには、一定額の報酬で出演依頼をある程度頻繁に受けることが必要となる。上演の質が高く人気があるなどの要素に加えて、地域社会の人々による需要が見られるかどうかという点も重要になる。高名な人形遣いの中には、一晩に日本円にして数十万円単位の出演料を稼ぎだし上演依頼を数日に一度の頻度で受けるという人もいる。だがこうした例は希少であり多くの芸術家たちは芸術活動のみで生活することは困難である。楽器演奏家の多くは教師、農業、会社勤めなど別の仕事も持ちながら活動している。

　ジャワ島チルボンの仮面舞踊は、前述のように割礼や結婚式などの人生の節目に行う儀礼と田植や収穫などの稲作農耕の節目に行う儀礼にともなって上演されるが、これらの儀礼にともなう上演依頼は主に収穫後などの人々が経済的にやや余裕のある時期に集中し、農閑期には仮面舞踊の上演依頼は少なかった。踊り手たちは仕事の依頼の少ない農閑期を「空腹の季節 *musim paceklik*」と呼び、技術的修行と収入を得ることを目的として門付けをして近隣の村を回っていた。門付けは踊り手たちにとっては修行

を行い知名度を高める機会でもあったが、家々をまわって舞踊を演じ金銭を乞うというやり方に対して近年は社会的批判が高まり、こうした伝統は次第に見られなくなっている。

　伝統的な地域コミュニティの中で芸術家たちは独自の社会的位置づけを持っていたが、近年ではそうした芸術家たちの位置づけに変化が見られるという側面もある。

2-4　芸術家の性別役割分担

　インドネシアの芸術家たちの性別役割分担を見てみると、一般的に楽器演奏者には圧倒的に男性が多くみられる。ジャワ島の影絵の上演では鉄琴などの特定の楽器を人形遣いの妻あるいは母が演奏することが伝統的に決められている場合もあり、また最近では女性による演奏グループなども見られるが、通常は楽器演奏は男性の仕事である。また楽器製作や調律も男性の仕事である。影絵人形作りや仮面製作も多くが男性の仕事とされている。一方で舞踊の衣装の縫製などに携わるのは女性も多く見られる。ただし水牛の革などを用いる舞踊の装飾品製作は男性が多い。針仕事は女性が多いが、彫刻刀やナイフなどを用いる作業は男性の仕事と言えるだろう。

　上演に関しては、影絵や人形劇の人形遣いは主として男性の仕事とされている。ジャワ島やバリ島などの地域によっては女性の人形遣いも少数ながら見られる。

　踊り手にはジャンルによる違いはあるものの男女双方が存在する。宮廷舞踊などでは現在、女性舞踊手のみによって演じられる舞踊も多く見られる。だが以前は女性の踊り手が活躍する場は限られていたとされる地域もあり、そうしたケースにおいては後述するように男性の舞踊家が女形に扮していた例も見られる。大衆演劇などでも女形の歌手兼踊り手が登場することが多くこうした伝統は現在まで見られる。

　同様に仮面舞踊手も男性とされていることが多いが、地域によっては女性の仮面舞踊手も見られる。特にジャワ島では女性の仮面舞踊手も少なか

第 2 章　芸術が上演される機会

らず存在している。一方で 2-2 に記したように若い男女の予祝儀礼の中で女性たちのために演じられる仮面舞踊は男性の踊り手に限られるという場合もある。また、稲作農耕の豊穣祈願のための予祝儀礼では男女の舞踊などが見られるが、この際に人々を踊りに誘うのは歌手と踊り手を兼ねるロンゲン ronggeng と呼ばれる女性である。

　行例などをともなう民俗芸能の上演では、男性の踊り手が多く見られる。前述のように割礼の際に獅子をかたどった輿を担いで行例を行うゴトン・シンガでは演者は男性である。またジャワ島やマレーシアなどにも見られる竹製の馬を模したものにまたがって演じる芸能クダ・ケパン（ジャラン・ケパン）においても演者は男性である。この民俗芸能では激しく動いているうちに演者はトランス状態になることもある。

　また歌い手も男女双方が存在する。影絵や人形劇の上演の中では歌が重要な役割を果たす。劇中の場面描写や登場人物の心情描写の多くは人形遣い自身による朗唱によって表現されるが、その他に女性の歌い手とそれに合いの手を入れる男性の歌い手が登場する。特に女性歌手は歌唱力や容姿の双方で人々の注目の的となっている。ジャワ島北岸のチルボンでは、影絵の観客が女性歌手にご祝儀を渡してその封筒に自分の名前を書き、歌の中に自分の名前を入れて歌ってもらうということが頻繁に行われる。ご祝儀だけでなく菓子などの食べ物や健康ドリンクを差し入れることもある。

写真 5、6：人形劇の女性歌手

化粧をして髷を結いジャワの正装をまとって歌声を披露する女性歌手たちは現在でも影絵や人形劇の中では上演の花形的な存在となっている（写真5、6）。人気の高い女性歌手の場合には一晩の上演の間にご祝儀のルピア札が積みあがっていくというケースも見られる。

　この他に、古典歌曲などの上演においても男女双方の歌手による掛け合いの歌唱が見られる。このような芸術家の性別役割分担を検討してみると、当該社会における芸術ジャンルの位置づけや男女の役割分担の特徴などが見えてくると考えられる。

2-5　現在の芸術上演の機会

　上記の儀礼の他にも、芸術上演はさまざまな機会に見ることができる。選挙のキャンペーンや政党の集会、学校などでの行事、自治体が行う行事などでも上演が行われる。独立記念日などにも各地で地域独自の芸術上演が見られる。従来の儀礼にともなう上演では主催者が金銭を支払って芸術グループに上演を依頼するやり方が一般的であるが、演奏会場を借りてチケットを売って上演を行うこともある。各地のアートセンターなどでもさまざまな芸術上演の企画が行われている。

　インドネシアでは国立の芸術大学や芸術高校が各地にあり、それぞれ演奏会や試験を行うためのホールやスペースを備えている。そうしたホールやスペースが地域の芸術的な企画のために活用されることも多い。ジャワ島中部では石造りの床、天井、柱からなるプンドポ *pendapa* と呼ばれる空間でガムラン音楽や舞踊が上演されることが多い。壁に囲まれていないこの空間は特に金属打楽器群の多く用いられるジャワの伝統音楽の演奏に適している。王宮、芸術専門教育機関をはじめとして、多くの場所にこのようなプンドポが作られており、それらの空間が上演に用いられる。

　芸術家が自らの作品発表の場として上演を企画することもあり、それに企業などのスポンサーがつくこともある。ショッピングモールなどの場で商業的なイベントにともなって芸術上演が見られ、広場や公園で大規模な

第2章 芸術が上演される機会

写真7：ジャワ島中部ジョグジャカルタのソノブドヨ博物館の影絵上演

写真8：プランナン遺跡の野外劇場における観光客向けラーマーヤナの上演

2-5 現在の芸術上演の機会

写真9:バリ島 王宮の広場での観光客向けの上演

コンサートが行われることもある。

　また観光客向けの芸術上演は現在の顕著な上演機会のひとつであるだろう。観光地では王宮、劇場、寺院の境内などで定期的に観光客向けの上演を見ることができる。たとえばジャワ島中部の古都ジョグジャカルタでは、王宮で定期的に観光客向けの芸術上演が行われている。演奏、歌謡、舞踊、影絵などが日替わりで上演される。また王宮近くのソノブドヨ博物館では毎晩2時間にわたって影絵が上演されている（写真7）。ユネスコの世界遺産として知られるジャワ島中部のプランバナン寺院では、野外劇場で古代インドの叙事詩ラーマーヤナの舞踊劇が上演される。2時間半ほどの時間でラーマーヤナの大筋が上演される。屋外劇場であるため、大きな稲村に火をつけて燃やすなどの大掛かりな演出も可能となり、観光客の目を楽しませるさまざまな工夫が見られる（写真8）。

　観光地として知られるバリ島では、王宮の広場や村の寺院の境内などで演劇、楽器演奏、舞踊などのさまざまな公演が行われている。芸術村として知られる島内中部のウブドをはじめ多くの地域で観光客向けの上演が行われており、上演の質もかなり高いものが多い（写真9）。

第 2 章　芸術が上演される機会

　このように観光客向けの芸術上演では、一定の質を保ちつつ上演を定期的に提供し続けるということが重要になる。また観光客に分かりやすく楽しみやすい形で上演を行うことも重要となる。そのため上演時間を 1 時間から 2 時間ほどに設定し、演出を工夫し、各国語での解説書を用意することも行われている。演劇などの場合には物語の筋立ては重視される一方で、できるだけ言語テクストを使用せずに演出で分かりやすく物語を伝える工夫が見られる。観光化による芸術上演の変化に対してはさまざまな議論も見られるが、現在、観光客向けの上演は芸術上演の一つの重要な機会であることはたしかであるだろう。

2-6　華人コミュニティーにおける芸術上演

　芸術上演が人々のアイデンティティ表出の場となり、民族集団や宗教など自己の帰属を確認する機会となることもある。以下に中国寺院における華人コミュニティーの人々の芸術上演について取り上げる。東南アジアの中国寺院は儒教、仏教、道教、民間信仰の混在という特徴が指摘されるが、「クレンテン klenteng」と呼ばれるインドネシアの中国寺院にもさまざまな神が祀られている。インドネシアには多くの華人系住民が居住しており

写真 10：中国寺院の祭礼
寺院の入り口で他の寺院からの神像を迎える獅子舞

写真 11：中国寺院の祭礼
ゴングとタイコを積んだ山車

2-6 華人コミュニティーにおける芸術上演

芸術上演も行われていたが、1966年以降のスハルト政権下における「同化政策」の名のもとで公的な場における華人文化表現は厳しく制限されてきた。1998年にスハルト体制が終焉し、度重なる政権交代の中で華人に対する抑圧的政策は徐々に緩和されてきた。それにともなって公的な場における華人の文化表現は再び目にする機会が増えている。

ジャワ島の中国寺院では、旧正月の行事や建立記念祭などに、楽器演奏、獅子舞や竜舞、指人形劇などを上演する（写真10）。大きな祭りではジャワ島各地の中国寺院から楽器を乗せた山車が集まり、パレードがおこなわれる。ジャワ島の中国寺院では山車に錨打ちで皮を張った太鼓とともに金属製のコブつきゴングが積まれていることが多い（写真11）。

写真12、13：指人形劇ワヤン・ポテヒの上演

ジャワ島中部ジョグジャカルタでは旧正月の際に中華街の近くで華人文化週間のイベントが開催される。町中の目抜き通りの一角に建てられた中華街のゲートの先には多くの飲食店が軒を連ねてその通り沿いにいくつかのステージが建てられる。そこでは獅子舞や竜舞、ワヤン・ポテヒと呼ばれる指人形劇の上演に加えて、カラオケ大会やミスコンテストなどのさまざまなイベントが行われる。楊琴（ツィター）、コキュウ、太鼓、笛、チャルメラなどの楽器演奏も行われる。楽器演奏や指人形劇の上演は、必ずしも華人系の人々が演じるとは限らず、華人系ではないジャワ人がこうした上演の担い手である場合も少なくない（写真12、13）。

第 2 章　芸術が上演される機会

　芸術上演は、人々が社会的な紐帯を保ち、自らの宗教や民族などの帰属を確認するためにも重要な役割を果たしている。

2-7　イスラームの儀礼における芸術上演

　イスラーム暦の 3 月にあたる Rabi' al- Awwal 月 12 日は Mauludと呼ばれ、イスラームの予言者ムハンマドの降臨した日として知られている。この時期にジャワ島の王宮では、「スカテン Sekaten」と呼ばれる儀礼が行われる。この儀礼では、ゴング・スカティと呼ばれる特別なガムランの楽器のセットを用いて、演奏が行われる。ジャワ島では、王宮のあるジョグジャカルタ、スラカルタ、チルボンなどの地域でこの儀礼を見ることができる。ジャワ島チルボンのカノマン王宮におけるスカテンでは、演奏前に楽器のセットを倉庫から出して水で洗い清める。人々は楽器を洗った水を聖なる水だと考えており、競って水をペットボトルなどに入れて持ち帰る。宮廷の演奏家たちは、この時期だけに演奏するレパートリーを数日間にわたって演奏し続ける。一日数回の演奏は、その時間や曲の繰り返しの回数などが決められており、それを数日にわたって演奏し続ける演奏家たちにとっては精神的にも肉体的にも大きな負担がかかる（写真 14）。今から 20 年以上前にこの演奏を聴いたときに音楽家たちに聞いた話によれば、スカテンの際のレパートリーはこの時期しか演奏できないため、普段の日に練習してはいけないし録音や録画もしてはいけないという話であった。スカテンの儀礼では人々が

写真 14：チルボンのカスプハン王宮でスカテンのガムラン演奏
演奏者たちはこの時期にのみ演奏する特別な曲を演奏する

王宮のスルタンに会って直接話をする機会も設けられており、王や王宮が一般の人々に開放される期間でもあった。また多くの人々が、チルボン王国の創始者でジャワ島にイスラームをもたらした聖人として知られるグヌン・ジャティ王の墓所を訪れて祈りを捧げるということも行われる。

　ジャワ島においては聖人の特別な力に対する信仰が見られ、こうした特別な力が聖人にまつわるモノや聖人の墓所などの場所に宿るという考え方が強く見られる。聖人をはじめとして語り継がれる力を持った人物や祖先などに関しても生前の所有物や死後に入っている墓地などにその人の持っていた特別な力が宿るとされている。スカテンの儀礼において、その時だけに演奏するガムランの楽器が神聖視され人々が楽器を洗った水を持ち帰りその演奏を重視するということも、こうしたジャワの人々の信仰のあり方がよく表れている事例であるだろう。

コラム　ジャワの伝統的な屋敷と芸術上演

　ジャワ島で儀礼の際の芸術上演が重視されていることは、伝統的な屋敷（敷地内における家の複合的な配置）の構造にもあらわれている。地域や時代による違いはあるが、芸術上演との関わりで特徴的なのは、外側の部分と母屋との間に設けられたプリンギタン *peringgitan* と呼ばれる空間の存在であるだろう。プリンギタンの由来となっている *ringgit* はジャワ語で「影絵」を意味する。この空間は儀礼の際に影絵を上演するための場所として知られている。ジャワの伝統的な家は外側にまず床と屋根と柱からなるパビリオンの空間（プンドポ *pendapa* あるいはジョグロ *joglo* と呼ばれる）があり、その奥に母屋が配置されている。プリンギタンはプンドポと母屋の間に配置されており、ここで影絵が上演される。外側のプンドポは成人男性の観覧席として使用される。壁で囲まれた母屋にもいくつかの機能があり、稲の女神を祀る空間、新婚夫婦が初夜を過ごす空間、儀礼の時に開放される空間などがみられる。また母屋の奥には井戸、台所、浴室などの水場が配置されておりここは主として女性の空間となる。影絵を上演するための空間は、主として男性の領域に属する社会活動を営む場として位置づけることができる。このように伝統的な屋敷の各部分の名称を検討してみると、「内」と「外」の概念、あるいは男性の領域と女性の領域との区別などがある程度見てとれる。

　またこの他にも家族が主催する儀礼の場合に、家屋の敷地内に仮設のステージを設けて芸術上演を行うことも見られる。近年では公共のホールやイベント会場などで結婚式などの儀礼が行われることも増えてきたので、自宅でこうした儀礼やそれに伴う芸術上演が見られない場合も多く、またこうした伝統的構造の家を持たない場合もある。

　だが伝統的にはジャワの屋敷の構造は影絵上演の舞台を内包す

2-7 イスラームの儀礼における芸術上演

るものであったようだ。

コラム　屋外での芸術上演

　赤道周辺に位置するインドネシアでは、大規模な芸術上演や行事は屋外で行われることが多い。ジャワ島中部では宮廷などを中心に、石造りの床、天井、柱で構成された空間プンドポで芸術上演がよく行われており、ガムラン（特に青銅製ガムラン）の音響効果の優れた空間として知られている（写真15）。また、屋根のない野外で演劇や演奏が行われる機会も多く見られる。個人の家などでお祝い事があって影絵や人形劇を上演する場合は、前述のように屋敷内の特定の空間を利用したり、家の敷地内に仮設野外ステージを作る場合もある。アートセンターのような場所にもさまざまな野外劇場が見られる。このように屋外で上演を行うときに最も困るのは雨天である。雨天に備えてテントやシートなどでステージを覆う対策をする場合もあるが、時には中止を余儀なくされる場合も見られる。上演中に雨がひどくなって中止になり、有名な人形遣いが押し寄せた観客に静かに帰って欲しいと呼びかけていた出来事も目にしたことがある。このような雨の対策の一つとして、現地ではよくパモン・

写真15：ジャワ島ジョグジャカルタの王宮のプンドポ

第 2 章　芸術が上演される機会

　　フジャン pamon hujan と呼ばれる祈祷師を呼んで芸術上演の前に雨よけの祈祷をしてもらうことも行われている。祈祷師はこの他にも、独立記念日の式典などの大規模野外行事でも呼ばれるようだ。
　　熱帯地域のインドネシアでは激しいスコールに見舞われる場合も多く、それらが局地的に起こることもある。人々はそれを自然現象としてもとらえるが一方で雨にまつわる祈祷師の影響ではないかという語りも多く聞かれた。野外行事において雨よけの祈祷師は重要な役割を果たしてきたようだ。

ガイディング・クエスチョン

①芸術上演は上記のようなさまざまな人生儀礼や農耕儀礼の中で演じられます。このように儀礼の中で人々がともに芸術上演を経験することにはどのような意味や効果があると考えますか。
②上記の例とは対照的に、我々は個人的に芸術を経験する場合もあります（スマートフォンなどのパーソナルメディアで音楽を楽しむ場合など）。その場合に集団でともに体験することとは何が違うでしょうか。
③華人コミュニティーの事例に見られるように芸術上演は人々の民族性を表現したり確認するための手段となる場合が見られます。その際に音楽、舞踊、演劇のどのような要素が人々の民族的な特徴を表していると考えますか。

2-7 イスラームの儀礼における芸術上演

📖 読書案内

ヒルドレッド・ギアツ 著 戸谷修・大鐘武 共訳『ジャワの家族』1980年 みすず書房

人類学者ヒルドレッド・ギアツによるジャワの親族体系に関する人類学的な研究成果。長期にわたる現地調査に基づいて書かれた民族誌で、親族体系の構造と人々の一生における親族体系の機能に関する詳細な記述が見られる。Geerts, Hildred *The Javanese family: A study of kinship and socialization*. First published in 1961 by The free press of Glencoe, Inc.

ミゲル・コバルビアス 著 関本紀美子 訳『バリ島』2006年（初版1991年）平凡社

メキシコ人画家ミゲル・コバルビアスによるバリ島での詳細な生活誌。現地の人々の生活や習慣、儀礼や芸能などが克明に記されている。詳細な記述のみならずコバルビアス自身による絵が随所に挿入されており、当時のバリの人々の生活の様子を視覚的な情報からも知ることができる。Covarrubias, Miguel *Island of Bali*. First published in 1936 by Alfred A. Knopf, Inc.

Geertz, Clifford, *The Religion of Java*. 1976 University of Chicago Press. (First published in 1960 by The Free Press.)

人類学者クリフォード・ギアツが1960年に著したジャワ島東部の町を舞台とする民族誌。さまざまな儀礼と宗教についての詳細な記述が見られる。この書物はジャワの人々を宗教と信仰のあり方の違いによって類型化しそれらの類型を社会階層による類型と対応させて論じたことで知られている。ギアツはジャワの人々の儀礼や宗教についての記述の中で芸術上演にも言及しており、伝統芸術、大衆芸術についてそれぞれ1章ずつを割いて詳細な検討を行っている。

📺 視聴覚資料案内

国立民族学博物館 ビデオテーク 1444 土と火と水と―バリ島の葬式

第3章

演劇と物語世界

　さまざまな種類の演劇は、演技と台詞の対話のみで構成されるものであるというよりはむしろ楽器演奏、歌や詩の朗誦、舞踊などをともなった総合的舞台芸術であることが多い。題材となる物語も多様であるが、その中でも古代インドの叙事詩は主要なレパートリーを形成している。ジャワ島では俳優が演じる演劇に加えて人形劇、影絵のジャンルが多く見られることが特徴的である。人形劇、影絵と後述の仮面劇の形態が多いことは、ジャワ島に限らず東南アジアの上演芸術に共通する特徴でもある。ここでは影絵と人形劇を取り上げて物語の世界を考察する。なおジャワ島やバリ島には仮面舞踊のジャンルも見られ、演劇としての特徴も多く見られるが、これらについては第5章　舞踊　において考察する。

　以下に影絵と人形劇、古代インドの叙事詩ラーマーヤナとマハーバーラタ、人形の造形と「性格」、ジャワ島由来の英雄譚、厄除けの物語、ジャワ島の大衆演劇と現代演劇の各項目について概観する。

3-1　影絵と人形劇

　数多く見られる演劇の中でも独特のジャンルは「ワヤン wayang」と呼

第3章 演劇と物語世界

ばれる演劇である。これはジャワ島とバリ島、またマレーシアに見られる上演芸術である。語源が影を意味する *bayang* であることから影絵が主流とされているが、ほかにも絵巻の絵解きや人形劇、仮面劇、舞踊劇などを総称する。いずれの場合にも共通点は語り手（影絵や人形劇の場合には人形遣いを兼ねる）であるダラン *dalang* が上演を進行し、上演のすべてをとりしきることである（写真16）。ダランの存在の有無によって、ある上演芸術がワヤンかどうかを判断することができる。ここでは主にジャワ島中部の影絵と西部の人形劇を取り上げる。

写真16：ジャワ島中部の影絵の人形遣い
人形を操り、セリフ・語り・朗唱を行い、時には箱の内側を叩いて上演をリードする
（写真提供　福岡正太）

　影絵と人形劇の主な上演機会は、前述のように誕生、結婚、割礼などの人生の節目に行う儀礼、田植えや収穫などの稲作農耕のサイクルにかかわる儀礼である。その他、棟上げ式などの家の新築儀礼、政党の集会、団体の行事などを含むさまざまな祝い事に際して影絵や人形劇を上演する。上演は一晩を徹して行うのが普通である。夜8時頃からガムランの演奏が始まり、9時頃から上演が始まり明け方の4時くらいまで続く。影絵の場合も人形劇の場合も、人形の造形や動きなどの視覚的な要素だけでなく、楽器の演奏、歌、人形遣いの語りや朗唱などの音の要素も上演の重要な一部を成している。

　ジャワ島やバリ島の人々の生活において影絵や人形劇の上演はさまざまな儀礼の中で頻繁に目にするものである。ジャワ島中部では王宮の行事や儀礼において上演する機会もある。個人が主催する儀礼の場合、主催者は

3-1 影絵と人形劇

写真 17:ジャワ島・チルボンの影絵の最終場面
中央に「グヌンガン」と呼ばれる山を象徴するものが置かれる(写真提供 福岡正太)

写真 18:ジャワ島中部ジョグジャカルタの影絵
道化役者の登場

第3章 演劇と物語世界

写真 19：ワヤン・ベベルの上演
語り手は絵巻きを棒で指し示しながら物語を語っていく

金銭を支払って一座に上演を依頼する。チケットを売ったり木戸銭をとったりして上演する形態は通常は行わない。観客は儀礼に招待される客と主催者の近隣の多くの人々である。

　影絵芝居の場合、招待客にはスクリーンの側に専用の席が設けられる。通常、招待客はスクリーンに映った影を見ることになるが、このほかにも近隣の多くの住民が上演を観にやって来る。影を映しだす光源には以前は天井から吊るされたヤシ油のランプを揺らしながら使用しており、ゆらめく炎も上演の効果の一つであった。現在では明るさが重視されもっぱら電球が使われている。だがその場合でも吊るしたランプのケースに電球を取り付けて、時々人形遣いが手で光を揺らしながら上演することが多い。観客はスクリーンに映った影を見ることもあるが人形を操っている人形遣いの側からも上演を観ることが多い（写真17、18）。人形遣いの側から上演を見るのは影を観るのとは異なった趣がある。東南アジアの中でもマレーシアの影絵においては皮を薄く削ることによって影にも色がつく工夫がなさ

3-1 影絵と人形劇

写真 20：ジャワ島西部の人形劇
ヌンチャクを振り回す道化役者チェポット

写真 21：ジャワ島西部の人形劇
馬に乗る貴公子アルジュナ

れることがあるが、インドネシアのジャワ島とバリ島の影絵では影には色が映らない。このように影には色が映らないにもかかわらず人形に鮮やかな彩色が施されているのは、影絵のもとになった上演形態がワヤン・ベベル wayang beber と呼ばれる絵巻の絵解きであったことによるとも言われている。絵解きの上演は絵巻を繰り出しながら人形遣いが場面を指し示して物語を語っていく形態で、現在でもジャワ島の一部の地域で観ることができる（写真 19）。

　人形劇の場合にはスクリーンはないが、やはり観客は舞台に向かって上演を観る場合と人形遣いの側から人形操作を観る場合がある。スクリーンに映った影を見る影絵とは違って人形劇の場合には人形のダイナミックな動き自体が観客の注目の的となる。人形遣いは、さまざまな技巧をこらして人形を操作する。人形が演じるダンスはそれぞれの登場人物の「性格」を表現するものであると同時に人形遣いの腕のみせどころでもある。それだけでなく、人形たちは弓矢を射たり、ヌンチャクを振り回したり、皮製の馬の人形に飛び乗ったりとリアルな演技を披露する（写真 20、21）。

　ジャワ島西部で絶大な人気を誇り、1980 年代から 2010 年代にかけて大活躍した人形遣いアセップ・スナンダール・スナルヤ（1944-2014）は幕あきの際に登場する人形の顔を自分自身の顔に似せて作らせ、ダイナミック

第3章 演劇と物語世界

写真22：ジャワ島西部の人形遣いアセップ・スナンダール・スナルヤ
（写真提供　福岡正太）

なダンスを披露することで知られていた。この幕あきの場面は物語に入っていく前の段階で従者役の人形を登場させて人形遣いが自らの人形操作のわざを観客に示す見せ場として知られている。そこで自分にそっくりの人形を使うことは、人形操作の上でもまた踊り手としても自身が非常に優れていることのアピールでもある。またアセップは1980年代後半からインドネシアでテレビを通して人気があった日本の「仮面ライダー・ブラック」を模した人形「黒い鋼の騎士 *satria baja hitam*」を上演の中にしばしば登場させて観客の目を引く工夫をしていた。さらに当時のインドネシア情報大臣の特徴的な話し方を道化役の人形に真似させて人々の喝采を浴びていたことでも知られている。アセップにかぎらず多くの人形遣いがこうした工夫を行っている（写真22）。流行歌を上演にちりばめ、カンフー映画の戦い方を上演に取り入れたりする場合も見られる。このように「伝統演劇」とされるジャンルもまた現代的なメディアを通した文化表現と密接な関連を持っている。

　いずれの場合にも人々は人形遣いの技を観て、ガムラン音楽の響きに身をまかせ、歌や語りを通して物語の世界に分け入っていく。影絵や人形劇の物語とその登場人物たちの織りなす人間模様は、ジャワ島やバリ島の人々にとっては多くの機会に頻繁に触れるものである。これらは単なる架空の出来事ではなく、人々の生き方や行動パターンなどを含めて現実の世界に密着する重要な要素である。

3-2 政治的言説における影絵と人形劇

　本書で取り上げた影絵や人形劇は、国家の政治的な言説の中にもよく登場する。インドネシア共和国初代大統領のスカルノは演説にたけた国家リーダーとして知られているが、演説の中に影絵や人形劇の登場人物たちのエピソードを織り込んだと言われている。（スカルノ自身の名前もマハーバーラタの勇者カルナに由来する。）独立戦争の際に戦って命を落とした名もない英雄たちをスカルノがマハーバーラタの勇者にたとえた演説なども知られている。国家のリーダーが伝統演劇を題材として演説を行ったというエピソードは日本ではイメージが湧きにくいだろう。だがインドネシアでは登場人物たちの出自や行動パターンや高潔な思想などがさまざまな言説の中で引用されている。登場人物たちの名前や多くの別名も、人名をはじめとして会社、汽車、学校、団体、レストランなどの名称としてしばしば用いられる。

　1998年アジア経済危機の際に、当時のインドネシア大統領であったスハルトは国家の危機を乗り越えるべく全国7か所で演劇の上演を行った[1]。この時の上演演目は、古代インドの叙事詩ラーマーヤナの中の有名なエピソード「ラーマ大海を埋め立てる」であった（演目の内容については後述）。これは主人公ラーマがサルの軍勢の助けを得て、魔王の国へ攻め込むために大海を埋め立てるという物語である。多くの人々の協力を得て目的を達するというこのエピソードはスハルトが大統領に就任する際にインスピレーションを与えた特別な演目であったと言われている。経済危機を乗り越えるために国がお金を出して演劇を上演させたというこの出来事は芸術大国インドネシアらしいエピソードの一つであると言えるだろう。

　影絵、人形劇などに代表されるワヤンと呼ばれる芸術ジャンルは、インドネシア・ジャワ島の文化あるいは人々の思想や行動のパターンなどを知る上でも非常に重要な位置づけをもっている。

---

1) コンパス紙 1998年1月19日

コラム　東南アジアの影絵と人形劇

　インドネシアに限らず、東南アジアの多くの地域で影絵や人形劇のジャンルが見られる。マレーシア北部のクランタン州では影絵ワヤン・クリット・シャム wayang kulit Siam の上演が見られる。上演するのはラーマーヤナの物語で、ゴング、チャルメラ、シンバル、数種類の太鼓を用いた編成の音楽が演奏される（写真23）。

　大陸部では、カンボジアのスバエク・トム subaek tom やタイのナン・ヤイ nan yai など牛の皮に彫刻を施した大型の影絵がある。これらの影絵の中ではラーマーヤナが演じられる。人形は一人の登場人物の像というよりは複数の登場人物が描かれた物語の一場面になっていることが多い。影絵は舟形の木琴、小型ゴングを円形に並べた楽器、種々の太鼓、チャルメラ、シンバルなどからなる合奏音楽とともに上演される。またミャンマーでは糸操りの人形劇ヨウッテー・プウェ yokthe pwe が見られる。この人形劇の起源は定かではないが、15世紀後半には存在していたとされる。王国での種々の行事やパゴダ（仏塔）の祭りなどで上演された。物語のレパートリーには創世神話やジャータカ（本生話）などが見られる。ヨウッテー・プウェは古典舞踊にも大きな影響を与えた[2]。ベトナムでは水上人形劇ムアソ

写真23：マレーシアのワヤン・クリット・シャムの一場面

---

2) 井上 2014：151-152

イ・ヌオック *mua roi nuoc* が知られている。ベトナム北部の紅河流域で、稲作農耕などのサイクルに合わせて豊作を祈る祭りなどで上演されてきた。人形遣いたちは池の後方の小屋の中で水に半分つかりながら、長い棹の先に取り付けた人形をあやつる。人形にはさまざまなしかけが施され、水面で頭や手を動かし回転し火を吹くものもある。日常生活の様子や動物の動きを描写したり物語の一場面を演じることもある。俳優が演じる劇や舞踊に加えて影絵や人形劇の形態が多いのは、東南アジアの上演芸術に共通する特徴であると言えるだろう。

第3章　演劇と物語世界

3-3　古代インドの叙事詩ラーマーヤナとマハーバーラタ

　インドネシアのジャワ島では、古代インドの叙事詩ラーマーヤナとマハーバーラタを上演する影絵や人形劇を「ワヤン・プルワ wayang purwa（原初のワヤン、の意）」と呼ぶ。こうした用語が存在することからも示されるように、影絵や人形劇の物語の中で古代インドの二大叙事詩は重要な位置づけを持っている。

　これらの叙事詩を題材とする影絵は、ヒンドゥー王国マジャパヒトの時代に成立したとされるが、現在の上演形態に近いかたちができたのは、16世紀頃とされている。この時代にジャワ島にイスラームを布教した聖人の一人、スナン・カリジャガ Sunan Kalijaga が影絵や人形劇の上演形態を改革し、上演を通してイスラームを布教したと言われている。ヒンドゥーの叙事詩を演じる上演芸術を用いてイスラームを布教するというのは、やや矛盾したプロセスであるが、こうした状況下でヒンドゥーの叙事詩はジャワ的な解釈を加えられて独自の形へ変化した。ジャワ島中部の影絵に登場する道化役者たちのキャラクターもスナン・カリジャガの創作であるとされる。また上演される物語の中ではヒンドゥーの神々は時として愚かな言動によって世界に混乱を引き起こす存在としても描かれる。このようにイスラームの宗教的権威のもとで、ヒンドゥーの神々の位置づけが貶められてきたという側面も見られる。古代インドの叙事詩がジャワ島に伝播し変遷を遂げた過程を考察することによって、ジャワ島の人々がインドの叙事詩に独自の解釈を加えて受容していったプロセスを知ることができる。影絵や人形劇が布教のひとつの手段となった事例はこの他にもあり、現在でも希少ではあるが、ワヤン・カトリック wayang Katolik やワヤン・ブッダ wayang Buddha と呼ばれる形態のように、イスラーム以外の宗教の布教手段として演じられたジャンルも存在する。

3-4　ラーマーヤナ

　古代インドの叙事詩ラーマーヤナはインドネシアに限らず東南アジアの島嶼部と大陸部の広い範囲に普及した。東南アジアの各地で寺院や遺跡のレリーフに刻まれており、美術作品や書物の題材としても知られている。また舞踊劇、仮面劇、影絵などの多くの上演芸術の題材ともなっている。書承による伝承にとどまらず上演芸術の主要な題材となり、上演の中で伝えられてきたことが特徴的である。

　ラーマーヤナの大筋は、アヨーディアーのラーマ王子が妃シーターをランカー国の魔王ラーヴァナに誘拐され、猿の軍勢の助けをかりてラーヴァナを倒しシーターを取り戻すというものである。各地域の多様な芸術様式の違いや歴史的な伝播のプロセスなどによって筋立てや内容などにはさまざまなヴァージョンが見られる。現在広く知られている内容は以下のようなものである。

　　アヨーディアー国の第１王子ラーマはヴィデーハ（マンティリ）国王女シーターの婿選び競技に勝利してシーターを妻にする。アヨーディアーのダシャラタ国王の第２王妃カイケーイーは自分の息子を王位につけようとしたため、ラーマとシーター、異母弟のラクシュマナは森での放浪を余儀なくされる。森でランカー国の魔王ラーヴァナはシーターを誘拐する。怪鳥ガルーダが救出を試みるが失敗して命を落とす。落胆していたラーマは森で猿の王と出会い、猿の軍勢の助けを得る。その後、海を埋め立ててランカー国にわたったラーマは魔王を倒してシーターを救出する。救出されたシーターは身の潔白を証明するために火の試練を経て再びラーマに迎え入れられる。

　この物語はインドでは紀元前４世紀頃から紀元後４世紀頃にかけて成立したとされている。16音節が２行で32音節からなる詩節（*sloka* シュローカ）を一単位として２万４千詩節からなる叙事詩である。詩節の形で伝承

されていることからもこの叙事詩が朗唱され歌われるものとして伝承されてきたことがわかる。インドでは現在詩聖ヴァールミーキ作とされる7巻本が知られているが、物語の根幹は2-6巻で1巻と7巻は後世になってから付加されたのではないかとされている。第1巻と第7巻では主人公のラーマ王子がヒンドゥーのヴィシュヌ神の転生として生まれてくる物語や天界へ昇天していく物語が描かれ、ラーマの神格化が強調されている。ラーマ王子をヴィシュヌ神の転生として描くこの叙事詩は、インドではヴィシュヌ神を重んじる宗派の人々にとっての聖典としても位置づけられる。

インドネシアでは8-9世紀以降と推測される韻律詩カカウィン・ラーマーヤナが東南アジア最古の文学作品として知られている。ラーマーヤナの物語には大きく2つの異なった系統があるとされている[3]。ラーマ王子と魔王ラーヴァナの戦いを中心とする物語のヴァージョンは、現在では観光客向けの舞踊劇や影絵などで演じられることが多い。一方で、16世紀ころに創られたとされるヴァージョンでは魔王ラーヴァナの出生の経緯や登場人物間の複雑な人間関係が描かれている。これはやや難解で複雑な内容であるが、ジャワ島とバリ島の影絵と人形劇の中ではこのヴァージョンのラーマーヤナが上演されている。

3-5　ラーマーヤナのエピソード事例

影絵や人形劇の中では、後述するマハーバーラタの演目が数百あることに比べるとラーマーヤナの上演レパートリーはそれほど多くはなく、具体的な数としては約20とされている[4]。だがラーマーヤナの物語は人々に広く親しまれており、よく知られた有名な演目が多い。その中から「ハヌマーン使者に発つ」と「ラーマ大海を堰き止める」という2つの演目を紹

---

[3] 青山 1998：140-150
[4] 松本 1982：246-247, Foley 1979：270-274

写真 24、25：人形劇
左：ランカー国で捕らわれるハヌマーン　右：火をつけられたハヌマーン

介する。どちらも猿の活躍が多く見応えのある演目として知られている。

(1) ハヌマーン使者に立つ

　白猿の武将ハヌマーンはシーター姫の無事を確かめるためにランカー国の魔王の国へ飛ぶ。そこでシーターにラーマが救出に向かっていることを告げて、ラーマから預かった指輪を渡す。魔王の国で囚われたハヌマーンは火あぶりにされそうになるが、戦いの後に脱出に成功し、その際に魔王の国の各所に火をつけて逃げだしていく（写真24、25）。

(2) ラーマ大海を埋め立てる

　妻シーターを魔王ラーヴァナにさらわれたラーマは、猿の軍勢の助けをかりてシーター救出に向かう。ラーヴァナのいるランカー国へ行くために、大海を埋め立てて道を作る。その途中でラーヴァナの軍勢に邪魔されて戦いとなる。敵陣の大将はカニの姿をした怪物ユユ・カンカンである。ラーマ軍勢は猿の武将たちの助けを借りて敵を倒し、

大海を埋め立てる作業を続けていく。

　これらの演目の見どころは、白猿の武将ハヌマーンをはじめとする猿たちの活躍がクローズアップされることである。ラーマーヤナの全編を通して猿の武将たちの活躍が見られるが、上記の演目では、ハヌマーンのアクロバティックな戦いや猿によって海が埋め立てられる様子などが見どころとなる。(2)では弓矢の名手で洗練された男性貴公子であるラーマの弟役のラクシュマナもスマートな戦いを見せて活躍する。影絵や人形劇の中で人形が実際に矢を放つ場面は頻繁に見られる。主人公のラーマは主要場面に登場するものの華やかな戦いを見せることはなく、どちらかと言うと見どころは忠臣の部下たちの活躍となる。白猿ハヌマーンの人形が登場する場面ではガムランの演奏に合わせて猿のしぐさをちりばめたダイナミックな舞踊が見られる。弓矢を用いた戦いの中でもガムラン演奏に合わせて様式化された演技を観ることができる。楽器演奏、語り、歌、人形たちの動きが一つになった上演が展開される。この他に、(1)の演目は観光客向けの舞踊劇の中でも頻繁に上演される。屋外のステージに実際に火を燃やしてハヌマーンに扮した踊り手がそれを飛び越えて舞踊を披露する場面は観光客に喜ばれる見せ場となっている。

3-6　観光芸能におけるラーマーヤナ

　グローバル化する現代世界において、メディアの進化や人々やモノの大規模な移動など上演芸術の変化を引き起こす要因が多く見られる。観光化による上演芸術の変化もそのひとつであると言えるだろう。そして観光芸能の中ではラーマーヤナの上演を頻繁に見ることができる。
　観光地であるバリ島では1960年代後半以降に現在のような観光業が始まった。1930年代に多くの西洋人芸術家が訪れてバリ上演芸術から芸術活動のインスピレーションを得ただけでなくバリ上演芸術に対してもさまざまな影響を与えてきた。ドイツ人画家のヴァルター・シュピース

3-6 観光芸能におけるラーマーヤナ

写真26、27：バリ島南部ウルワトゥ寺院で観光客向けに行われるケチャの上演

(1895-1942) は現在のバリで上演されているケチャダンスを始めとして、上演芸術の舞台化に影響を与えた人物として知られている[5]。ケチャは本来、厄除けの性格の強いサンギャン・ドゥダリという儀礼の中で演じられていた。この儀礼の中では「チャッチャッチャ」という男性たちの声の合唱に合わせて少女の踊り手たちがトランス状態になっていく。シュピースはバリの人々と話し合い、儀式ではないケチャの合唱を伴奏にした舞踊劇を作る可能性を検討した。そしてラーマーヤナの舞踊劇を作りその中に猿の軍団を表現するものとしてケチャの合唱を取り入れ、舞台芸術に適した舞踊劇を創っていった。現在バリ島を訪れる観光客はさまざまな場所でケチャの上演を観ることができる。男性たちの合唱は上演の中でラーマを助ける猿の軍勢を表現しているため、ケチャは別名「モンキーダンス」の名で知られている（写真26、27）。

また世界遺産に認定されたボロブドゥールやプラバナンに近いジャワ島ジョグジャカルタも外国人観光客の多い地域として知られており、ここでも観光客向けの芸術上演を多く観ることができる。ジョグジャカルタの王宮近くのソノブドヨ博物館ではラーマーヤナの代表的なエピソードの影絵が夜8時から10時までの2時間にわたり毎晩日替わりで上演されている。

---

5) 伊藤 2002：115-122，坂野 2004：256-266

第 3 章　演劇と物語世界

写真 28：ジャワ島中部プランバナン寺院の野外劇場にて
観光客向けのラーマーヤナ舞踊劇の上演　ラーマとシーター

写真 29：ジャワ島中部プランバナン寺院の野外劇場にて
観光客向けのラーマーヤナ舞踊劇の上演　シーターの婿選び競技で弓を引くラーマ

　プランバナン寺院の野外劇場でもラーマーヤナ全編を演じる舞踊劇が 2 時間半にまとめられて演じられる（写真 28、29）。ジョグジャカルタ市内のプラウィサタ野外劇場でも 2 時間ほどの舞踊劇の上演を毎晩観ることができる。ラーマーヤナは観光客向けの上演の中で主要なレパートリーとなっている。
　バリ島においても観光客向けのラーマーヤナの舞踊劇が演じられている。伝統的な舞踊劇や演劇の上演の中では様式的な展開方法が決まっており、それにのっとって上演することが重視されていたのに対して、観光客向けの上演では言語のテクストは最小限にするものの物語の筋立てを伝えることがより強調されているという変化も見られる[6]。
　このように物語を背景とする舞踊劇の場合には、観光客にとって物語の展開が理解しやすいような演出が求められる。ラーマーヤナの物語は勧善懲悪の筋立てを基本としており、全体の大筋は比較的把握しやすい。登場人物群も貴公子、姫、魔物、猿など多様なものであるため、観光客にとっては見ごたえのある上演を実現することができる。ラーマーヤナの物語は

---

6) Picard 1990：52-54

現在、観光客向けの芸術上演の中で主要なレパートリーを構成していると言えるだろう。

第3章　演劇と物語世界

コラム　東南アジア大陸部の演劇におけるラーマーヤナ

　ラーマーヤナは東南アジアの大陸部にも広く普及し、さまざまな上演芸術の題材となっている。現在、カンボジアやタイでは大型の影絵芝居、舞踊劇、仮面劇でラーマーヤナが上演され、ビルマでは仮面劇などにラーマーヤナのレパートリーが見られる。

　カンボジアのアンコールワットには西回廊北側の壁面約50メートルにわたるランカー島での戦闘場面のレリーフが見られる。アンコールワットはクメール王朝最盛期にスールヤヴァルマン2世（1113-1152）が建てたとされる。また仮面劇、舞踊劇、影絵などの芸術は1342年にタイがアンコールを侵略した際にカンボジアからタイのアユタヤに伝えられたとされている。またビルマのラーマーヤナは西側のインドから直接入ってきたのではなく、東側のタイ経由で伝えられた。1767年のアユタヤ陥落後にビルマに連行されたタイの音楽家や踊り手などの芸術家たちから伝わったとされている[7]。

　カンボジアの仮面劇はラカオン・カオルと呼ばれ、「猿の劇」という意味を持つ。この仮面劇の演者は男性で、物語やセリフは語り手が担当する。

　またタイでは影絵、舞踊劇、仮面劇の中でラーマーヤナが主要な題材となっている。特に宮廷で発展してきたこれらの上演芸術は統治者である国王の正統性や存在意義をアピールする機能も担ってきた。

7）大野　1998：168-171

コラム　ラーマーヤナに基づく映画 『オペラ・ジャワ』

　インドネシアで製作され 2006 年に公開された映画『オペラ・ジャワ』は、ラーマーヤナを題材としてジャワ伝統音楽と歌謡、舞踊によって表現されている創作劇形式の映画である（写真 30）。監督はさまざまな作品でインドネシア映画界をリードしてきたガリン・ヌグロホ（1961 年生まれ、映画の項目に後述）である。

　この作品はラーマーヤナにおける演目の一つ「シーターの誘拐」を題材としている。元ダンサーであったヒロインは土器作りを営む夫スティヨとともに暮らしていたが、肉屋の主人との逢引きを通して自らの踊り手としての存在に徐々に目覚めていく[8]。この作品では、ラーマーヤナを題材としつつも監督自身の解釈が加えられた物語がジャワの歌謡や舞踊によって幻想的に表現される詩的世界となっている。俳優陣にも舞踊家を起用しており、ヒロインの相手役（ラーマーヤナの中ではラーマに相当する役）を務めるのは後述のジョグジャカルタ出身のダンサー、マルティヌス・ミロト Martinus Miroto（1959 年生まれ）である。オペラ・ジャワは海外でも高く評価され、この映画の後で舞台化された創作演劇も創られた。

写真 30：『オペラ・ジャワ』DVD ジャケット写真

---

8) cf. 青山 2009

3-7 マハーバーラタ

　もうひとつの古代インドの叙事詩マハーバーラタは、古王国ハースティナプラを舞台としてバーラタ族の後裔で従兄弟同士であるパーンダヴァ5兄弟とカウラヴァ百兄弟の間に起こる王位継承と領地をめぐる確執と争いを描いている。この叙事詩は紀元前4世紀から紀元後4世紀にかけて段階的に成立したとされ、18篇8万9千詩節からなる長大な叙事詩である[9]。
　大筋としてはパーンダヴァが善を重んじる側でカウラヴァは悪の側の登場人物となっており、両者はいとこ同士であるが最終的には王国と王位継承権をめぐって大戦争を繰り広げる。マハーバーラタの物語はラーマーヤナの4倍近くのボリュームがあり、物語もその大筋に加えて、さまざまなエピソードが挿入された形になっており複雑な構成を持っている。前述のラーマーヤナが東南アジアの広い地域に伝承されているのに対して、マハーバーラタはインドネシアに深く根付いた物語として知られている。
　以下に物語の概要を記す。

　　ハースティナプラの継承者であるパーンダヴァとカウラヴァは幼いころから共に武芸を学ぶ。優秀なパーンダヴァをカウラヴァは妬み両者は確執を抱える。パーンダヴァの長兄が王国を継承するに際してカウラヴァは城に火をつけて阻止しようとするが失敗に終わる。そこでカウラヴァはいかさまのサイコロ賭博を行い、王国を奪い取りパーンダヴァを13年間追放する。年月が過ぎ、パーンダヴァは森を切り開き新たな国を栄えさせる。力をつけたパーンダヴァは使者を立ててカウラヴァに王国の返還を要求する。カウラヴァが拒否したため両者は王国の領土と王位継承をめぐって18日間の大戦争を行う。激戦の末、パーンダヴァが勝利するが、戦いは多くの犠牲者を出す。その後パーンダヴァは嫡子に王位を譲り、巡礼の旅に出てヒマラヤから天界へ昇

---

[9] 赤松 2014：88

天する。

　この叙事詩の内容は、勧善懲悪の筋立てではなく錯綜した人間ドラマを基盤としている。正義の側にも思惑があり悪の側もさまざまな宿命を背負っていることが上演を通して示されていく。争い合う人間たちの姿を通して戦いの意味や生きることの意味についての問いを投げかけていることがこの叙事詩の特徴のひとつであるだろう。両者の出生と対立の経緯、運命づけられた大戦争バラタユダへと至る壮大な物語は、多くの登場人物像の描写と錯綜した人間模様を織り交ぜながら展開する。すべての因縁は大戦争の伏線となっており、この物語のクライマックスは親族同士の18日間の大戦争バラタユダを描いた部分である。

　マハーバーラタはインドネシアではおもにジャワ島とバリ島の影絵と人形劇の中で頻繁に演じられる。この叙事詩の古代ジャワ語への翻訳は段階的に行われた。ジャワ島東部クディリ国ダルマワンサ王の時代である10世紀の末に第1篇と第4-6篇が行われたとされている[10]。またその後の翻訳となる第15-18篇が現存するとされている。これらは散文体による作品であるが、その他に第3篇、第5-10篇に取材した韻文体の作品も見られる。翻訳・翻案を通してジャワ島に伝わったマハーバーラタは現在までジャワ島とバリ島の上演芸術の題材となり、その他の芸術作品にも多大な影響を与えてきた。

　影絵と人形劇の中では、パーンダヴァ5王子はそれぞれの活躍が描かれるが、その中でも二男ビーマや三男アルジュナ、またビーマの息子であるガトートカチャなどが人気の高い登場人物として知られている（写真31）。

　一方でカウラヴァ側の戦士は百王子のうち長男のドゥルヨーダナと次男のドゥフシャーサナ以外はほとんど登場してこない。カウラヴァ側で人気が高いのがカルナという戦士である。この登場人物は本来パーンダヴァの異父兄であるが、恩義を受けたカウラヴァ側に忠誠をつくしアルジュナと

---

10) 松本 1982：249

第3章　演劇と物語世界

写真31：ジャワ島西部の人形劇
武器を持つビーマ

の一騎打ちで命を落とす悲劇的な運命を背負っている。

　複雑で大部な内容のマハーバーラタは、際立った特徴を持つ登場人物にまつわるエピソードとして影絵や人形劇の中で親しまれている。物語の大筋と並行して、こうした登場人物たちの生い立ち、人間関係、事件、最終的にたどる運命などが知られており、それが大筋の物語に厚みを加えているのも特徴的な伝承形態であると言えるだろう。

3-8　マハーバーラタのエピソード事例

　以下にこうした生い立ちの例として勇者ガトートカチャとカルナの戦死にまつわるエピソードを紹介する。

(1) ガトートカチャの戦死 Gatotkaca Gugur

　ガトートカチャはビーマと魔物の王女アリンビの間に生まれ、空を飛翔し暗闇で目が見えるという力を授かった戦士である。多くの場面で活躍を見せるが、バラタユダの戦いにおいては叔父にあたるカルナとの一騎打ちで命を落とす。出生時のエピソードにおいてすでに戦死の運命が予告される。誕生時にへその緒が切れず、アルジュナが手に入れた刀の鞘でやっと切ることができるが、その際に鞘はガトートカチャの臍に吸い込まれる。刀の本体はカウラヴァ側の武将カルナが持っており、大戦においてカルナはその刀を用いてガトートカチャを

斃す。ジャワ島中部の影絵芝居では、ガトートカチャが若い時に誤って殺してしまった魔物の叔父の呪詛もその戦死にかかわるとされる。また、ジャワ島西部の人形劇では、生まれたばかりのガトートカチャを神々が火山の中に入れて成長させ鋼の体躯と特別な衣装を与え、その際に2人の天界の神が体に入魂したという物語も知られている。戦死の場面では、この特別な衣装が空から落ちてくるのを見たガトートカチャの母親アリンピが息子の死を知って嘆き悲しむ場面も見られる（写真32〜37）。

　一方カルナの刀は天界から授かった特別な武器で一度しか使うことができない。カルナはガトートカチャとの戦いでこれを使ってしまったため、のちのアルジュナとの一騎打ちでは決め手となる武器をもたず、アルジュナの放った矢に斃れる運命を辿る。したがってガトートカチャの戦死は最終的にはパーンダヴァ軍に勝利をもたらすために必要とされたものであったことが示される。前述のように、このエピソードはインドネシアの初代大統領であったスカルノが演説の中で、独立戦争で戦って命を落とした名もなき戦士たちをガトートカチャにたとえて語ったことでも知られている。

　一方で戦士カルナも悲劇的な運命をたどった人物として知られており、人々の間では人気の高い登場人物である。以下にカルナの戦死のエピソードを紹介する。

(2) カルナの一騎打ち Karna Tanding

　　カルナはパーンダヴァの母クンティーが結婚前に呪文で太陽神を呼び寄せてその間に作ってしまった息子であり、幼いカルナは川に流されてしまう。自らが武将階級であることも知らずに御者夫婦に拾われたカルナはその後カウラヴァの長兄ドゥルヨダナに恩義を受けて大戦争では彼のためにカウラヴァの戦士として戦う。アルジュナとの対

第 3 章　演劇と物語世界

32. 参謀クリシュナーに戦いを申し出るガトートカチャ

33. 戦場へ向かって飛翔するガトートカチャ

34. 無敵のガトートカチャに神器コンタがはなたれる

35. ガトートカチャの死を悼むビーマ、クリシュナー、アルジュナ

36. ガトートカチャの身体から入魂していた女神が出ていく

37. 息子の戦死を嘆く母アリンビ

写真 32〜37：ジャワ島西部の人形劇　ガトートカチャの戦死より

戦の前夜、母クンティーはカルナのもとを訪れて、過去の過ちを詫び戦いを見合わせてくれるように頼む。カルナは母親に戦いをやめることはできないが、戦う際には対戦相手のアルジュナ以外の兄弟は決して攻撃しないことを約束する。そしてどちらが戦死しても母の息子が5人であることに変わりはないと伝える。前述のように切り札となる武器をすでに使ってしまったカルナは戦車が溝にはまった隙にアルジュナの放った矢に斃れることとなる。母クンティーは戦場でカルナを探し倒れた息子の姿を見て悲しみに打ちひしがれる。

　逆境の中を生きながらも戦士としての使命を貫いたカルナの悲劇的な人生は多くの人々の共感を呼んでいる。出生の秘密を抱え本来の身分を知らずに生きてきたカルナが、母への愛や正義への思いと恩義や忠誠の板挟みになって苦悩し最終的には負け戦に挑んでいく姿は創作の題材としてよく用いられる。カルナの物語はインドにおいても多くの人々の共感を得ている[11]。
　このように誕生時のエピソード、過去の事件などがその人物の運命を語り、それぞれの登場人物は過去に起こったさまざまな出来事や因縁によって特徴づけられ最終的に大戦争の中でその明暗が分けられることになる。
　この他にジャワ島ではパーンダヴァの次男ビーマが活躍するエピソードも多く描かれる。ビーマは風神の血を引く剛勇の武将として登場するが、ジャワ島の影絵の中では人生の奥義を学び人生哲学を極めた人物としても位置づけられている。こうした位置づけはマハーバーラタを生み出したインドのバージョンには見られず、ジャワ島に独特のものである。ビーマが命の水を探す冒険の旅に出て、そこで自らの内面の姿と対峙して哲学的境地に至るプロセスを描くエピソードはジャワ島でよく知られている。
　マハーバーラタの物語は人間の生と死を描く根源的なテーマを持っている。戦うことの意味を問い、人間の生きていくことの意味にせまっていく

---

11) 前川 2006：79-82

第 3 章　演劇と物語世界

この物語のテーマは、さまざまな創作の中で取り上げられている。詩や小説などの文学作品、ドラマ、映画、演劇、舞踊における創作作品の題材ともなってきた。

3-9　マハーバーラタに基づく創作作品

マハーバーラタの物語は、多くの創作作品の題材となってきた。以下にインドネシア国内における舞踊、大衆小説、コミックを例にしてマハーバーラタに基づく創作について検討する。

ジャワ島中部出身の創作舞踊家マルティヌス・ミロト Martinus Miroto (1959-) は大戦争バラタユダを題材として興味深い作品を作っている。これは 1999 年に創作された作品「クンティーの歌 The Chant of Kunthi」で、前述の演目「カルナの一騎打ち」を土台にした現代舞踊の作品である。この舞踊の中では、パーンダヴァの母クンティーを祖国インドネシアにたとえ、戦い合う息子たちを各地で起こる紛争にたとえている。息子たちのどちらが勝っても母クンティーの苦悩と悲しみが続くように、国内各地で起こる紛争はどのような結果に終わろうとも祖国インドネシアに大きな悲しみをもたらすという内容を持つ。ミロトは国内の芸術大学でジャワ古典舞踊を学んだ後、ドイツのフォルクスヴァング・ダンス・スクールとヴッパータル舞踊団で研鑽を積み、その後カリフォルニア大学大学院の舞踊専攻で学んだ経歴の持ち主である。彼の創作手法は、モダン・ダンスにおける身体動作や作品概念からも強い影響を受けている。この作品は、アルジュナ、カルナ、クンティー（歌手も兼ねる）、道化役者（時に不和や争いを体現）の 4 人の踊り手と 4 人の音楽家によって演じられる。音楽や舞踊の中には伝統芸術の要素も取り入れられているが、一方で作品の構成や振り付けなどには欧米の舞台芸術の影響を見ることもできる。また作品のコンセプト自体がマハーバーラタの新たな解釈に基づいていることも特徴的であるだろう。

また、大衆小説の中でもマハーバーラタを題材としたものが見られる。

3-9　マハーバーラタに基づく創作作品

　インドネシア・ジャワ島西部出身の作家ユディスティラ・マサルディ（1954-）はマハーバーラタを題材とする大衆小説（ノベル・ポップ *novel pop*）を書いたことで知られる。自身のペンネームもパーンダヴァ5王子の長兄で正義の武将であるユディシュティラの名をとったとされている。この小説はパーンダヴァの貴公子アルジュナを主人公としており『アルジュナは愛を求める』『アルジュナドロップアウト』『アルジュナの結婚』と続く三部作になっている。著者のユディスティラ・マサルディは1970年代以降に活躍している作家で彼が得意とする大衆小説は若者向けの流行小説や娯楽小説を含む。アルジュナ三部作は、マハーバーラタの登場人物名を用いているものの伝統的な物語世界における価値観を逆転させているところに特徴がある。主人公のアルジュナ青年もプレイボーイであるという点を除くと、マハーバーラタの洗練された貴公子アルジュナとは似ていない。著者は登場人物像も含め、人間関係なども逆転させながら、開発政策の落とし子である都市中間層の若者たちの腐敗や非礼な行動パターンを描きそれに対する批判を投げかけていく[12]。影絵や人形劇に親しんでいる読者であれば、登場人物たちの人間像や人間関係についての本来のあり方をある程度知りつつ、それをことごとく逆転させたパロディーとしてこの小説を味わうことができるだろう。著者はハイカルチャーとして位置づけられる影絵や人形劇の物語における価値観が権威ある価値観として社会に浸透していることを前提として、こうしたパロディーの作品を生み出した。

　またこの他にもマハーバーラタは演劇や後述するコミックの中でも主要な題材となってきた。特徴的な登場人物群、また戦いをめぐる人間模様などがこれらのさまざまな創作の源泉となってきたゆえんであるだろう。

---

12) 押川　1992：186-197

第 3 章　演劇と物語世界

3-10　ワヤンのコミック

　影絵や人形劇の物語を題材とするコミックは、ワヤン・コミック *wayang komik* と呼ばれるが、1950 年代に創作され、1960 年代から 1980 年代にかけてジャワ島、バリ島を中心に流行した。コミック作家も多く存在するが、R. A. コサシ kosasih（1919-2012）という男性作家がもっともよく知られている。コサシは、ラーマーヤナとマハーバーラタのシリーズを中心として多くのコミックを残しており、その他に出身地であるジャワ島西部地方の民話に基づくコミックや、自身の創作によるコミックなどを含めてさまざまな作品を創作した。ワヤン・コミックという名称は、コサシが最初に創作したコミックの作品がマハーバーラタのエピソードの一つであったこと、またコミックの登場人物たちの衣装がジャワ島西部の舞踊劇のものであったことに由来するとされている。ジャワ島西部出身のコサシは、幼少時から人形劇の上演に親しんで、物語の内容や登場人物たちの舞台における位置まで覚えているほどであった。ライブの上演に多く触れた経験に加えて、さまざまな書物からも物語を吸収した。またラジオやテレビなどを通して影絵や人形劇の上演に多く触れ、創作の題材を得たことも重要である。コサシのコミックは画像の魅力、語りや筋書きの魅力に加えて、インドの叙事詩の大筋をシリーズの中で忠実に提示していったことが特徴的である。そのため、現在 60-70 代のインドネシアの人々の中にはコサシのコミックからワヤンの物語を知ったという人も多く見られる。コサシは多くのコミックを描いたが、その中でもマハーバーラタのシリーズは主要な作品となっている。以下に示すのは大戦争バラタユダの終盤近くのエピソードで、「サンクニの戦死」という物語である。これはパーンダヴァの勇者ビーマと敵方カウラヴァの参謀サンクニとの戦いを描いており、さまざまな策略をめぐらせてカウラヴァに悪事をそそのかしたサンクニの口をビーマが爪で切り裂いて斃すという物語である。

　このように、1960 年代から 1980 年代にかけては影絵や人形劇の上演とコミックとは密接な関連を持っていた。ライブの上演がコミックの内容に

3-10　ワヤンのコミック

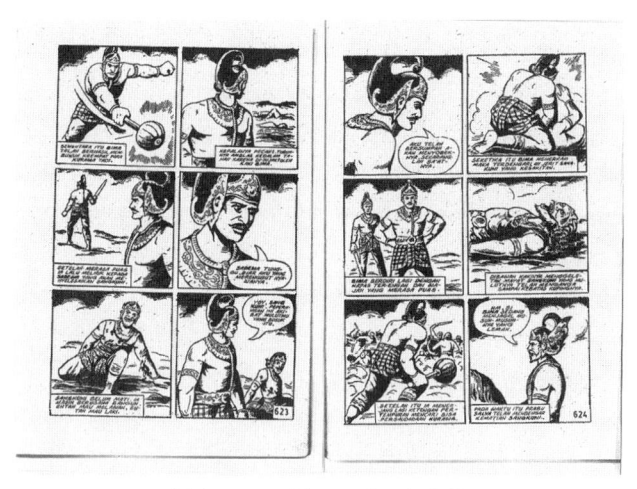

写真 38：コサシのコミックより
サンクニの戦死の場面[13]

も影響を与えており、またその逆にコミックの内容に基づく上演が見られることもあった。(写真 38)

---

13) Kosasih 1978：623-624

第3章 演劇と物語世界

コラム　マハーバーラタに基づく映画と演劇

　人間の根源的なテーマである生と愛と死を描く壮大な叙事詩マハーバーラタはインドやインドネシアの国内で多くの創作作品の源泉となってきたが、海外での芸術創造の場でも映画や演劇の題材とされてきた。

　イギリスの演出家、映画監督であるピーター・ブルック Peter Brook（1925年生まれ）はマハーバーラタに基づく演劇の創作を行った。世界中からさまざまな民族出自の俳優陣を集め、1985年に8時間に及ぶ演劇の大作を発表した。この作品は、世界18カ国から55人の俳優と音楽家が集められ10年の歳月をかけて完成したと言われている。この演劇の創作は、演劇上演の営みを通して、人々が独自の文化を失うことなく理解し合って生きていけることを達成しようとしたブルック自身の理想の表れであった。またブルックは1989年にマハーバーラタの演劇に基づく約3時間の映画を製作している（写真39）。

写真39：ピーター・ブルックのマハーバーラタ
DVDジャケットより

　演劇の中では、大戦争の主要なエピソードが特徴的な登場人物の演技とともに演じられていく。大叙事詩マハーバーラタが欧米起源の演劇の中で主要な題材として取り上げられた顕著な事例であるだろう。

3-11 人形の造形と「性格」

　影絵や人形劇に用いられる人形の造形にはさまざまな際立った特徴がある。ジャワ島の影絵や人形劇に登場する人形には、人間の身体をデフォルメした独特な造形が見られる。鮮やかな彩色も登場人物ごとに異なっている。また人形が身につけている髻、冠、衣装、装飾品、光背などもまたその人形の性格を際立たせる要素である。

　影絵の人形は水牛の皮をなめし、人形の形にしたものに細かい彫刻を施して両面に色をつけ製作する（写真40～42）。出来上がった人形には火であぶって曲線をつけた水牛の角を支えとして取り付ける。この水牛の角で作った支えの棒は人形遣いが手で持って人形を操作する。この棒の先端を尖らせてバナナの幹に刺して人形を固定する。人形は肩と肘の部分が動くようにつなぎあわされた構造になっており、手首の部分にも水牛の角で作った棒を取り付けて人形の腕を動かす。

写真40、41、42：ジャワ島中部の影絵の人形の製作

人形に細かい彫刻と彩色を施す（写真提供　福岡正太）

第3章　演劇と物語世界

写真43：ジャワ島西部の人形劇の人形

　人形劇の人形は、木製の胴体に腕を取り付け、木で作った心棒を通し、頭を取り付ける。腕の部分は影絵と同様に肩と肘が動く構造になっており、それぞれの部分は紐で取り付けられている。布製の衣装を胴体に取り付ける。人形の下半身は胴体に取り付けた布で覆い、人形に足をつけない。操る時には心棒を持ち、胴体部分にも手を添えて、人形を操作する。また影絵の人形と同様に手首の部分に水牛の角または木で作った棒を取りつけて、それを操作しながら人形の腕を動かす（写真43）。

　人形の性格をあらわすのは、人形の大きさ、顔や体の色、衣装、顔立ち、髪型などの要素である[14]。一般的に男女の区別は人形の大きさ、衣装、髪型などで決まる。女性の登場人物は小さく作られており、また衣装で上半身を覆った造形が見られる。またこれらの要素に加えて、顔の角度なども性格の表現の指標となり得る。顔を下に向けた人形は洗練された性格を表し話す時にも低い静かな声でセリフが語られるが、顔を上に向けた人形は気が強く早口で雄弁な語りが展開される。目が丸く鼻が大きい魔王などの人形は荒々しく動き、粗野な口調でセリフが語られる。主要な登場人物の場合には、舞台上に登場する際のテーマ曲や人形が演じる舞踊の型が決まっている場合もある。主要人物が登場の際に演じる舞踊や戦いに勝利した時に披露する舞踊は上演の見せ場でもある。演奏する音楽や舞踊もまた人形の性格をあらわす重要な要素となる。

　このように登場人物の性格分類が造形、声、音楽、舞踊などの面で明確に提示されていることは、上演の中で観客に物語の登場人物についての情

---

14) Buurman 1988：68-107

報を分かりやすく伝えるための重要な工夫であると言えるだろう。

3-12　影絵と人形劇におけるジャワ島起源の物語

　古代インドの叙事詩の他にもジャワ島独自の英雄譚であるパンジ物語やダマル・ウラン物語が知られている。パンジ物語は現在では主として仮面舞踊の題材としても知られている。15世紀の東部ジャワに起源をもつとされ、コリパン（ジェンガラ）国の王子パンジとダハ（クディリ）国の王女チャンドラキラナ（スカールタジ）の恋愛と冒険を描く物語である。もともと婚約者であった二人は生き別れとなり、さまざまな困難に出会い、身分の偽装、恋愛、戦いなどを経て最終的に結ばれる。この物語は 16-17 世紀にマレー世界、カンボジア、バリ島などにも広まった。この物語の中心的なテーマとなっているのは永遠の恋人であるチャンドラキラナを探すパンジ王子の放浪と冒険の旅である。

　もう一つのジャワ島独自の物語として知られるダマル・ウランは 14-15 世紀のマジャパイト王国を舞台とする。

　マジャパイトの王女クンチャナ・ウングは魔王クナラ・メナック・ジンガの求婚を退けたために王国を攻められている。女王は夢の中で王国の危機を救うダマル・ウランの名を告げられる。ダマル・ウランは大臣ログンデルの甥で宮廷の馬小屋番をしているが、大臣の息子たちに憎まれ、大臣の娘アンジャスマラに慕われている。

　クンチャナ・ウングはダマル・ウランにメナック・ジンガを倒すように要請する。ダマル・ウランは戦いを挑むが 1 回目の戦いでは敗れてしまう。メナック・ジンガは、ウェシ・クニン（金色の鉄）という特別な武器を持っており、この武器がある限り無敵である。そこでダマル・ウランはメナック・ジンガの妻の協力を得て、彼が寝ている間にこの不思議な武器を手に入れる。2 回目の戦いでは武器を手にしたダマル・ウランの勝利となる。彼はマジャパヒトへ帰り、クンチャナ・ウングと結婚してマジャパヒトの王となる（写真 44）。

第3章 演劇と物語世界

写真44：ジャワ島西部の人形劇　ダマル・ウランとメナック・ジンガの戦い

　これらのジャワの王国を舞台とする英雄譚が創られた背景には、イスラーム神秘主義をジャワ島に布教した9聖人（ワリ・ソンゴ wali sanga と呼ばれる）がインド伝来の叙事詩ではなくジャワ固有の物語を上演芸術の素材として組み入れようとした結果であるともいわれている[15]。ダマル・ウラン物語の現存する最古のテクストが18世紀のものであることからも、これらのジャワ島独自の英雄譚は古代インドの叙事詩がジャワに根付いたプロセスに比較すると歴史的には新しいことがわかる。上演される演劇のジャンルの種類も演目のレパートリーも比較的限られている。

　古代インドの叙事詩に加えて、これらの豊富な物語が演劇の題材として用いられてきた。

　なおこれらの物語のうちで特にパンジ物語に基づく仮面舞踊については第5章において詳述する。

3-13　影絵・人形劇と厄除けの物語

　この他にジャワ島には独自の厄除けの物語も存在する。影絵や人形劇の上演の中でこのような厄除けの演目は「ムルワカラ」と呼ばれている。この演目は、ルワタン ruwatan と呼ばれる厄除け儀礼を行うときのみに演じる特別な演目とされている。物語の内容の概略は以下のようなものである[16]。

15）松本　1994：147
16）松本　1982：65-106，ラッセルズ　1987：410-428

3-13 影絵・人形劇と厄除けの物語

　天界の最高神があるとき、海中に誤って落とした一滴の精液が成長して怪物バタラ・カラとなる。天界の最高神の息子でありながら、バタラ・カラは人間を食べる怪物となる。バタラ・カラは父親から人間を食べる許可を得るが、その際にさまざまな条件を言い渡される。そこでは一人っ子や2人兄弟などの兄弟構成による対象や、日常生活におけるタブーを犯したものも対象として言及される。同時に、それらの人間が魔除けのワヤンの上演をすでに済ませていたら食べてはいけないことなどを含むさまざまな条件を言い渡される。バタラ・カラは空腹を抱えて人間界をさまよい歩き最後に影絵上演の場に遭遇する。そこで影絵の人形遣いの力に屈服する。

上演ヴァージョンによって内容の細部は異なっているものの、共通して多く見られる結末のパターンがあるようだ。ルワタン儀礼における影絵や人形劇の上演には多くのタブーがともない、上演を行う人形遣いはルワタン儀礼の執行者としての役割も持つ。この儀礼を行う人形遣いは特別な力の持ち主とされており、その家系も重視される。上演を依頼する側の家族も大がかりな供物を用意するなど、上演が無事に済むように最大限の注意をはらう。上演中に魔除けをしてもらう対象となる人物は上演を観る際に眠ってはいけないとされているため、上演は昼間に行われることが多い。
　ムルワカラの演目は、厄除けの儀礼であるルワタンのためだけに上演され、割礼や結婚式など他の儀礼のためには上演されない。また上演の内容自体がこの儀礼の由来を説明するものになっている点も独特である。このエピソードの特徴的な点は、天界の最高神の欲望や過ちによって人間界に恐れをもたらす怪物が生み出されるが、それを影絵や人形劇の人形遣いが鎮めるという筋書きであるだろう。この演目には、ジャワ島の人々の生活の中で影絵や人形劇の上演が重要な意味を持ち人形遣いが偉大な存在とされていることがあらわされている。

3-14 ジャワ島の大衆演劇と現代演劇

演劇の中には、「古典的」とされるジャンルのほかにもさまざまな大衆演劇のジャンルが見られる。ジャワ島東部のルドルック *ludruk* は、日常生活を題材とする身近なテーマや王国の歴史などを題材とする物語を上演する。上演のはじめには女形の歌手を兼ねる踊り手が歌と舞踊を披露する。道化役者が登場して語りで人々を笑わせる場面も見られる（写真45、46）。この演劇は、1960年代に人類学者のピーコックが研究を行ったことでも知られている[17]。

またジャワ島中部にはクトプラ *ketoprak* と呼ばれる大衆演劇がある[18]。その他にもジャワ島中部と西部にはサンディワラ *sandiwara* と呼ばれる大衆演劇がある。これらの大衆演劇は地域の歴史や民話に基づく物語を題材として言語、歌、ダンスなどを人々に親しみやすい形で伝えていく重要な媒体となっている。

現代的な演劇のジャンルも見られる。ナノ・リアンティアルノ Nano Riantiarno（1949年生まれ）によって率いられるコマ劇団は、体制批判のテー

ジャワ島東部の大衆演劇ルドルック
（写真45（上）：女形歌手・ダンサーの登場、写真46（下）：上演の一場面）

---

17) cf. Peacock 1968
18) cf. 風間 1992

マをはじめとしてインドネシア社会の姿を浮き彫りにするようなテーマに基づく現代演劇の作品を発表してきた[19]。

また若い世代の演劇人が活躍する現代劇の劇団もある。ジャワ島中部ジョグジャカルタを活動拠点とするテアトル・ガラシ Teater Garasi は1993年にガジャ・マダ大学で結成された劇団を母体として発展を遂げてきた。社会政治的な問題意識を背景に持ちつつアヴァンギャルド的な手法で作品を発表してきた。斬新な演出と高い演技力で海外でも公演を精力的に行っている劇団として知られている。

3-15　詩の朗読

インドネシアには演劇とならんで詩の朗読という上演のジャンルが見られる。詩の内容自体は文学などと関連が深く上演芸術とは違うように思われるかもしれないが、詩の朗読は演技やしぐさをともないながら、舞台の上を動きまわって行う一人芝居のようなものであり、その点では演劇との共通点が多い。インドネシアの国民的詩人レンドラ Rendra (1935-2009) は、1967年にベンケル劇団（ベンケルは自動車修理工場またはワークショップの意）を結成して演劇と詩の朗読を精力的に行ってきた芸術家として知られている[20]。1970年代以降の作品の中では体制批判の詩や演劇を創作したため、朗読会や上演が中止に追い込まれたことも多かった。こうした圧力に耐えながらレンドラは芸術家としての活動を続けてきた。このように詩を演劇的に朗読するジャンルが確立した時期については、明確な答えは得られていない。だがいずれにしてもこうしたジャンルが存在する背景には、語り物や演劇がさかんなインドネシアにおいて詩的な言語は「語られて」「発せられる」ことによって力を持つという考え方が重視されていたという状況もあるのではないだろうか。

19）松野　1995：133-140
20）鈴木　1995：117-132

第3章 演劇と物語世界

＊本章 3-1 から 3-13 までの記述は、拙著『ジャワの芸能ワヤン　その物語世界』（2016 年　スタイルノート）に基づいて書かれている。より詳細な分析や考察に関しては拙著を参照されたい。

ガイディング・クエスチョン

①インドネシアには俳優の演じる演劇と人形劇あるいは影絵の形態がみられます。人間が演じる劇と人形劇との違いはどのようなものだと考えますか？

②人形を用いる演劇の中でも影絵の上演における効果はどのようなものだと考えますか？

③ラーマーヤナは観光芸能の中で多く親しまれており、一方でマハーバーラタは創作作品の題材になることが多く見られます。書物などを通して伝えられる物語と芸能の中で上演される物語の違いはどのような点に見られるでしょうか？

読書案内

松本亮 著『ジャワ影絵芝居考』1982 年（初版 1975 年）　誠文図書

厄除けの物語ムルワカラを中心に天界の神々の物語などを事例としながら、ジャワ島中部の影絵とバリ島の影絵について、その歴史的背景や特徴が詳細に記されている書物。随所に実際の上演を分析した臨場感のある記述が見られる。

風間純子 著『ジャワの音風景』1994 年　めこん

ジャワ島中部の大衆演劇クトプラを対象として、上演、歴史的背景、物語、一座の運営などについて記された書物。クトプラ劇団に密着して随行した

筆者の上演に関する詳細な記述が見られる。留学時代の体験を交えながらジャワ島中部ジョグジャカルタで生活した体験談も多く描かれている。

梅田英春 著『バリ島ワヤン夢うつつ―影絵人形芝居修行記』2009 年　木犀社
バリ島の影絵研究者また人形遣いとして活躍する著者のバリでの芸術修行記。バリ島の芸術と芸術家、また芸術を取り巻くバリの人々の生活誌が実体験に基づく詳細な記述によって描かれる。

金子量重・坂田貞二・鈴木正崇 編『ラーマーヤナの宇宙：伝承と民俗造形』1998 年　春秋社
インドの叙事詩ラーマーヤナがアジアの各地でどのように伝承され、またそれが翻案、影絵、舞踊、演劇、儀礼などの中でどのような形をとって人々に受け入れられているのかということを記述した書物。東南アジアに関しては、インドネシア、タイ、ミャンマーの演劇や文学作品などについての記述が見られる。

福岡まどか 著『ジャワの芸能ワヤン　その物語世界』2016 年　スタイルノート
ジャワ島中部の影絵と西部の人形劇を取りあげて、芸能上演の中で演じられる物語の特徴について考察した学術書。この章で記述した古代インドの叙事詩をはじめとするさまざまな物語について、文献資料の検討と実際の上演の分析から考察がなされている。なお、本章の記述の一部はこの本に基づいて書かれている。

■ 視聴覚資料案内
　ワヤンとマハーバーラタの物語　みんぱくビデオテーク　1614
　ジョコブルウォの結婚―ジャワ島の仮面芝居ワヤン・トペン　みんぱくビデオテーク　1502

第4章

音楽と楽器

　インドネシアの音楽について考える際には、音楽が演劇や舞踊などの上演芸術とともに演奏され、朗誦され、歌われてきたものであることを念頭に置く必要がある。楽器演奏や歌謡は、演劇や舞踊の伴奏というよりはむしろそれらの芸術上演に不可欠な要素として存在している。また神々や精霊との交信の手段として儀礼の中で上演される機会も多く見られる。西洋クラシック音楽の音楽鑑賞のように音楽のみを楽しむ形態もあるものの、やはり主流となるのは他の上演芸術と一体となって演じられる形態、また儀礼の中で演じられる形態であるだろう。

　音楽に見られる顕著な特徴としては、ゴングに代表される金属打楽器を多用することである。金属打楽器は東南アジアの他地域にもさまざまなものが見られる。ジャワ島のゴングの形状は中央部分にコブのような突起を打ち出したものが多く、演奏する時にはそのコブをバチで打奏する。また特に小型のゴングを調律して、音階の順に配置したものを多く用いることも特徴的である（写真47）。

　東南アジアの他の地域にはコブのない形状のゴングも見られる。大きさもさまざまで大型のゴングは直径が1メートル以上に及ぶものもある。木製枠の上に紐を通してその上に壺状のゴングを伏せて置く形態の楽器、ま

第4章　音楽と楽器

写真47：ジャワ島中部の青銅製の小型ゴング
調律師が音高と音色を確認しているところ

た木枠に吊るして演奏するタイプの楽器もある。鉄琴は空洞の木枠に金属製の鍵盤を並べたもの、また鍵盤の下に共鳴筒を取り付けたものなどがある。金属打楽器の長い持続音は独特の音楽的時間を形成するにあたって多大な影響力をもっており、特に青銅製の打楽器は持続音が長くその音色が珍重されている。

　金属打楽器のほかにも、さまざまな素材を用いた楽器が見られるが、代表的な素材は竹である。竹の楽器は日本にも見られるが、東南アジアの竹の種類は非常に豊富である。太い竹は竹筒琴や鍵盤楽器などに、また細くて節の間が長い竹は笛や笙などに用いられる。このほか、ヤシの一種であるトウ（籐）、ジャックフルーツの木やチークなどの木材、水牛の皮や角なども楽器の素材として用いられる。

　また器楽のみならず歌謡の多様なジャンルが見られることもインドネシア音楽の重要な特徴である。歌謡は、詩の朗唱、抑揚のある掛け合いなども含む多様なジャンルが内包される。ジャワ島のガムランでは手拍子も多用され、またスマトラ島ではボディ・クラッピングによるリズム演奏も多く見られる。

　本章ではガムラン音楽、金属打楽器の製作、竹の楽器の演奏、太鼓その他の楽器を用いる合奏、楽器の造形と象徴的位置づけ、インドネシア音楽の海外への影響、西洋音楽の流入、の各項目に関して概観する。

4-1　ガムラン音楽の特徴

　金属打楽器を用いる代表的な合奏の形態として知られているのがガムラン *gamelan* である。

金属打楽器によるリズムパターンは音楽の基本的な枠組みを形成している。異なったタイミングで鳴らされるさまざまな種類のゴングが楽曲における音楽的時間を区切って秩序づけていく。こうしたゴング類が作りだす曲の構造を、研究者たちはギリシア語に由来する「コロトミー」という用語で呼んでいる。さらに掛け合いあるいは番いを成すリズムの原理が見られ、複数のパートが異なるリズムを刻んでそれが一つのリズムパターンを生み出していくことも特徴である。また、リズムに関しては拍の刻みの概念であるイラマ *irama* あるいはウィレット *wilet* と呼ばれる概念も重要である。これは、一つの拍を4等分、8等分という具合に分割して区切りながら、一つの音の音価を変化させていく。刻みの変化にともなってテンポも次第に速くなったり遅くなったりするが、イラマやウィレットはテンポとは異なり、あくまで音の刻みに関する概念である。

　ガムランの音階は1オクターブに五つの音を持つ5音音階が基本となる。5音音階には主要なものが2種類あり、一つは半音のような狭い音程が含まれないスレンドロと呼ばれる音階で、もう一つは狭い音程が含まれるペロッグと呼ばれる音階である。いずれも西洋音楽の音階に見られる全音や半音とは異なる間隔に基づいている。音程を規定する絶対的基準も厳密に定められておらず、楽器のセットによって調律や音高に違いが見られる場合も多い。ガムランの楽器は通常、上記の2種類の音階に合わせて2セット作られており、音階が変わる時には演奏する楽器を替えることになる。楽器は常に2台用意してあり、音階が変わると楽器自体を替える。だ

写真48：ガムランの改良楽器の一例
二つの音階の音が入っているため、鍵盤やゴングの数は多くなるが、一度の演奏に多様な音を使うことが可能となる

第 4 章　音楽と楽器

写真 49：ジャワ島中部のガムラン
（写真提供　福岡正太）

写真 50：ジャワ島西部のガムラン

が近年ではこれらの 2 種類の音階が一つの楽器に入っているものも作られている。鉄琴であれば 1 台の楽器に 2 種類の音階の鍵盤がすべて入っているものが作られている。この場合には演奏自体は煩雑になるが、こうした楽器を作っておくと頻繁に音階を変えたりまた一つの曲の中でも二つの音階を交互に使ったりすることが容易にできるようになる。影絵や人形劇の演奏などにもこれらの楽器が用いられることが多い（写真 48）。

4-2　金属打楽器の製作

　ガムランはジャワ島やバリ島に見られる合奏形態のジャンル名であり、またその合奏に用いる楽器のセットのこともガムランと呼ぶ（個々の楽器はそれぞれ違う名称を持つ）。ガムランと一口にいってもさまざまな形態や編成があるが、共通する特徴はゴングや鉄琴などの金属打楽器を主要な楽器群として用いる点であるだろう。金属の素材もさまざまであるが代表的な素材は青銅（銅と錫の合金）で、青銅製のガムランはもっとも響きが良いとされている（写真 49、写真 50）。東南アジアの各地にゴングをはじめとする金属打楽器の加工技術と多様な演奏形態を見ることができるが、その特徴としては調律した複数のゴングを組み合わせて演奏することで、こうした楽器群を「ゴング・チャイム」と総称する。

4-2 金属打楽器の製作

　ゴングの製法には、鋳型に熱した金属を流し込む鋳造と熱した金属を叩いて形を作る鍛造の双方が見られるが、ジャワ島中部の青銅楽器は鍛造で製造される。青銅ガムランを製作する工房は金属を加工する炉に加えて、坩堝（るつぼ）、鍛造のための特別なスペース、焼きいれを行うための水場などを備えており、経験を積んだ多数の職人が働いている。多くの場合、工房の主催者は代々続くゴング職人の系譜をひいており、彼らは青銅の調合、鍛造のタイミング、楽器の調律方法などの特殊な知識と技能の継承者とされている。こうした金属を扱う特殊な知識と技能のゆえに、ゴング職人は超自然的な力を持つ人物として位置づけられることもあった（写真51、52）。

写真51：ジャワ島中部　青銅ゴングの鍛造
（写真提供　福岡正太）

写真52：ジャワ島中部　青銅ゴングの表面を磨く
（写真提供　福岡正太）

　ジャワ島中部のガムランは、大規模な楽器編成を持っている。さまざまな大きさのゴング、鉄琴、太鼓、木琴、コキュウ、歌、手拍子などがガムランを構成する。ジャワ島とバリ島のガムランでは中央にコブのついたゴングを用いるのが普通である。

　さまざまなゴング類の楽器が楽曲の節目に演奏され楽曲を秩序づけていく「コロトミー」と呼ばれる構造が、ガムランの音楽的時間を特徴づけている。また同じパターンをくり返して演奏を行う「周期性」もガムラン音

第4章　音楽と楽器

写真53：ジャワ島中部ジョグジャカルタの王宮に保管されているガムラン
「海に轟く雷鳴」と名付けられたセット

楽の特徴の一つである。

　青銅ゴングの鍛造に代表される金属の加工技術には、財力、知識、技能が必要とされるため、こうして作られた青銅楽器は神聖な楽器として位置づけられ、王権などの力の象徴として演奏されてきた。由緒あるガムラン楽器のセットに名称をつけて、大切に保管している場合も見られる。王宮などでもガムラン楽器のセットに名前をつけて保管していることが多い（写真53）。現在でもガムラン楽器のセットは個人が所有するものというよりは、何らかの共同体や組織が所有することが多い。演奏する際には大型ゴングに花や供物などを供え、線香を焚くことなどを通してゴングの霊力に対する畏敬の念が示される。同様に大型ゴングを製作する際にも吉日を選び、供物を捧げ製作に臨むことが多い。

　青銅のガムランの他にも鉄や真鍮などの金属を用いるガムランもある。青銅に比べてこれらの金属は原料も安価であり加工技術も手軽であるため、楽器の値段も安くなる。そのため学校教育や地域共同体の活動などでも用いられている。また楽器の重さも軽く音の響きも澄んでいるため、野外での上演や行列で行う民俗芸能などの伴奏としても多用されている。青銅のガムランの鍛冶師と、鉄や真鍮の楽器の鍛冶師には、ある程度の棲み分けが見られるようだ。鉄や真鍮の楽器を作る職人の工房は、炉や坩堝などが完備されていない場合も多く、原料となる金属もドラム缶などの廃物を利用する場合も見られる（写真54）。

　また通常は楽器製作の鍛冶師は楽器専門で製作することが多いが、地域によっては農具や生活用具とともに楽器を作る鍛冶師もいる。ジャワ島中

部のグヌン・キドゥル県にあるカジャールという集落は鍛冶屋業を営む人々が多いことで知られている。1970年代と1990年代にアメリカの経済人類学者アン・ダナムがカジャールで調査を行い、その成果は彼女の死後にハワイ大学の研究者たちによって2009年に出版された[1]。その著書によると、カジャールではおもに鉄を用いて農具、生活用具、家屋のフェンス、短剣などを作っている。ジャワ島の低地では水稲耕作が主要な生業となっているのに対して、このカジャールは土壌が豊かでないため土地が水稲耕作に適

写真54：鉄のガムランを製作する工房
ジャワ島中部ジョグジャカルタ近郊にて

写真55：鍛冶屋業の村カジャールの工房
ジャワ島中部グヌン・キドゥル県

しておらず、人々は鍛冶屋業と数種の畑作農業に従事することで生活を維持してきた。カジャールには鉄製のゴングなどの楽器を作る職人がいるが、彼らは楽器作りを専門とする職人ではなく、生活用具のほかに楽器も作れる職人たちである。2012年9月にカジャールを訪れてみたところ、現在では楽器を作ることができる人は3人ほどだという話であった。工房では、鉄のガムランのセット、またこども用の小型サイズのガムラン、海外から注文を受けたスチールパンなどを作っていた。カジャールは、鍛冶

---

1) cf. Dunham 2009

屋業という独自の職業を営みながら人々が生計を立ててきた珍しい集落であると言えるだろう（写真55）。

4-3　ガムランの楽器編成の事例

　ガムラン音楽は、前述の影絵と人形劇、舞踊、演劇また民俗芸能など、さまざまな上演芸術の中で上演される。上演芸術の種類によってガムラン音楽の編成も、また、楽器の原料となる金属の種類もそれぞれ異なっている。

　多くの編成のガムラン音楽が見られるが以下にジャワ島西部チルボンの仮面舞踊に用いる鉄のガムランを例にして楽器の種類を詳しく見ていきたい。チルボンのガムランの楽器は主として旋律を担当する旋律楽器群、リズムを担当するリズム楽器群、一定の周期で鳴ることによって楽曲の節目を示すコロトミー楽器群に分けられる。リズム楽器群は太鼓やシンバルの

◆リズム楽器群

クプラック（写真56）
鉄などの金属板を数枚重ねて紐で吊るして打奏する。太鼓と同様に踊り手の動きに合わせたリズムパターンを演奏する。

ベリ（写真57）
円形の金属板を数枚重ねて紐でつなげた楽器で、演奏は楽器を地面に置いて木製のバチで叩く。

クンダン（写真58）
筒型の両面太鼓。太鼓奏者には楽曲をリードしつつ踊り手の動きに合わせた演奏をすることが求められる。踊り手が即興的な演技を行うことも多いため、舞踊と音楽の双方に通じた熟練した技能が必要となる。合奏のテンポを操り、曲から曲への移り変わりも指示する。通常のガムランでは演奏者は太鼓を横にかまえて両面を左右の手で叩いて演奏するが、仮面舞踊の際には大小四つの太鼓を木製枠の上に積み重ねて紐で固定し、竹製の棒状のバチと先端に布を巻いたバチの二つを用いて演奏する。

4-3 ガムランの楽器編成の事例

類、コロトミー楽器群は吊り下げ型の大型ゴングや木枠に水平に置いた中・小型ゴングなど、旋律楽器は鉄琴、小型ゴング、木琴、コキュウである（写真56〜67）。

◆コロトミー楽器群

クノン・ジュングロン（写真59）

コブつきのゴングを木製枠の上に水平に並べた楽器。大小二つがオクターブになっている。高音のゴングをクノン、低音のゴングをジュングロンと呼ぶ。一人の奏者が両手にバチを持って、オクターブを同時に演奏する。

クトゥック・クブルック（写真60）

木製の枠の上に置かれた大小二つのコブつきゴングから成る。小型のものをクトゥック、大型のものをクブルックという。演奏者は両手にバチを持ってこの二つを交互に演奏し、高低差のある2音で時間の刻みを作り出す。

クレナン（写真61）

木製の枠の上に小型のコブつきゴングを二つ水平に並べたもの。二つのゴングの音高は微妙に異なっている。この楽器の奏法はクトゥック・クブルックに似ているが、最も細かい拍の刻みを作り出すため、曲のテンポが速くなると演奏が高難度になる。

ゴング・キウル（写真62）

コブつきのゴングを木製枠にひもで吊るしたもの。曲のもっとも大きな節目を区切って鳴らされ、演奏には特に技巧を必要としないが楽曲の区切りを示す重要な役割を担っている。ゴングはアンサンブルにおいて神聖な楽器と考えられており、上演の際に作られる供物はゴングの前に置く。一方ひとまわり小さいキウルの演奏は、コブの裏側に手を当てて、叩くと同時に響きを止める奏法が工夫されている。キウルの打点はクノン・ジュングロンと交互になっている。

クマナック（写真63）

円形の金属板を筒状に折り曲げ、割れ目の入った筒のような形にした楽器。演奏は2本を両手で持ち、互いに打ち合わせる。片方を打ち付ける時には、曲線部分の割れ目を親指でふさぎ片方の共鳴を止める。音高の異なる2本を交互に鳴らして演奏する。

81

第4章　音楽と楽器

◆旋律楽器群

サロン（写真64）
木製の箱型の台の上に金属製の鍵盤を並べた鉄琴。サロンは通常2台が対をなしており、両者が掛け合いで演奏する。片方のサロン（サロン1）が拍の表を刻み、もう一方のサロン（サロン2）が裏拍を埋めて即興的にひとつながりの旋律を創りだす。

クドゥムン（写真65）
サロンの大型のもので、音高はサロンよりも1オクターブ低い。

ティティル（写真66）
サロンの小型のもので、音高はサロンよりも1オクターブ高い。

ボナン（写真67）
音階に調律されたコブつきの小型ゴングを木製枠の上に水平に並べた楽器。演奏者はバチを両手に持ち、コブの部分を打奏する。この楽器は曲の骨格となる旋律に基づいた装飾的パターンを演奏する。

　上演芸術の種類によって差異はあるものの、上記のような楽器の種類はおおむね多くのガムラン音楽に共通して見られる。

4-4　口頭伝承のガムラン音楽

　ジャワ島の代表的な音楽であるガムランの演奏は15～20人ほどの楽器奏者からなる合奏音楽であるが、西洋のオーケストラのようにスコアを見

ながら指揮をする指揮者は存在せず、また個々の演奏者も基本的には楽譜を用いない。だがガムラン演奏でも合奏をリードするパートがある。たとえば曲の始まりは、弦楽器ルバップあるいは小型ゴングのボナンによる前奏に合わせてほかの演奏者が演奏を始める。演奏中にテンポを決めてリズムをリードしていくのは、太鼓奏者である。ジャワ島の隣のバリ島のガムラン・ゴング・クビャールではウガルと呼ばれる鉄琴の奏者が太鼓とともに演奏をリードする[2]。一瞬の呼吸を合わせて他の演奏者も一斉に演奏を始めていくバリ島のガムランを聴くと、ガムラン演奏で重要なのは周りの気配を常に感じながら全員で音楽的な時間を創り出していくことだということがわかる。

　ガムラン音楽は基本的に口頭で伝承される形態を持つ。文字通りの口頭での指示による学習というよりは実技を通して学んでいく形態とも言えるだろう。楽譜を読んであらかじめ弾けるように練習した演奏を先生に見てもらうというピアノ教室の学習法とは異なっており、演奏者は演奏を見て（聴いて）覚えるというやり方が一般的である。

　だが楽譜もまったく使わないわけではない。演奏の際に常に見るスコアのような楽譜は用いないが、主旋律を記した数字譜を補助的に用いる場合もある。また歌い手の場合には、歌詞のノートに数字譜が書き込まれたものを見ながら歌うこともある。

　場合によっては、いわゆる西洋音楽のスコアに相当する楽譜が作られることもある。これは新作を作る際などによく用いられる。数字譜ですべての楽器の細かい動きを記したものは、書くのも読むのもかなり熟練が必要になる。このような楽譜を使いこなせるのは、やはり数字譜に慣れている芸術大学の音楽専攻の学生たちが多い。

2）皆川　1998：42-51

4-5　東南アジアにおけるゴング文化

　東南アジアにはインドネシア以外にも多くのゴング文化を見ることができる。島嶼部のマレーシアにもガムランがあり、またフィリピンのミンダナオ島にはコブつきのゴングを用いた合奏形態クリンタンが見られる。

　東南アジアのゴング文化の最も古い形は古代のドンソン文化に由来するとされ、ベトナムはドンソン銅鼓の出土している地域としても知られている。また現在ユネスコ無形文化遺産に認定されている「ベトナム中部高原におけるゴングの文化的空間」は、数県にまたがっており17近くの民族集団のゴング文化をカヴァーしている。この地域の人々は伝統的農業を営み独自の工芸を発達させて、祖先崇拝、シャーマニズム、自然崇拝などの信仰を持っている。ゴングはこれらの人々の世界において神や超自然の存在と人間をつなぐ役割を果たしてきた。ゴングは儀礼の中で主要な楽器として用いられている。現在、この地域ではゴングは製造されてはおらず、近隣の国々から輸入したものを調律して用いている。

　ゴングの演奏が人々と精霊との関係において重要な役割を果たす事例は北東カンボジアにおける儀礼などについても報告されている[3]。

　また大陸部のタイやカンボジアの古典音楽の中でもゴングが用いられている。タイでは調律した小型ゴングを円形の枠に並べたコン・ウォン・ヤイという楽器が青銅で製作されている。この小型ゴングはインドネシア・ジャワ島の青銅ゴングと同様に鍛造の製法で作られている。コン・ウォン・ヤイはタイの合奏音楽ピーパートの中で上演される。東南アジアには多様なゴング文化が見られる。それらの相互の関連性なども含めて各地のゴング文化の特徴を調べてみると、ゴングという楽器の持つ社会的な位置づけの多様なあり方が見えてくるだろう。

3）　井上　2014：25-47

4-6 竹の楽器の合奏

　金属打楽器が特徴的である一方で、身近な素材である竹には太さや長さの異なる多くの種類があり、笛、琴、鍵盤楽器、口琴などのさまざまな楽器が作られている。

　細くて長い竹を素材とするインドネシアの竹笛スリンはリコーダーと同じ発音原理を持つ。竹管の先端部分を削りその周辺にトウ（籐）で作った鉢巻上のものを巻いて呼気の通り道を作るという工夫により、シンプルな構造であるが簡単に音を出すことができる竹笛として知られている。この笛は、前述のガムランのアンサンブルの中でも用いられ、また後述する歌謡のジャンルでも用いられる。金属打楽器などの調律が難しい楽器と合奏する場合や歌い手のキーに合わせる必要などもあるため、通常、スリンの奏者は長さの異なる複数の笛をケースに入れて持ち歩いていることが多い。またスリンには横笛もあり、中には歌口に紙を貼ってサワリの効果をつけているものもある。横笛のスリンはジャワ島チルボンなどで用いられるほか、後述するポピュラー音楽のダンドゥットの中でも演奏される（写真68）。

　太くて大型の竹を用いるバリ島のジェゴッグ *jegog* は竹の鍵盤楽器のアンサンブルで独特のうなりが特徴とされる。竹の節の3分の1ほどを残して一部を削った形状のユニットはジェゴッグの鍵盤としてもまた後述するアンクルンにも用いられる。バリ島ではこの他にも竹製の口琴がよく用いられている。これは竹に舌を切り出して、それに紐をつけて口に当てなが

写真68：ジャワ島北岸チルボンのガムランにおける横笛、スリン

（写真提供　福岡正太）

ら共鳴させて音を出す楽器で、ゲンゴンと呼ばれている。

　竹筒を共鳴胴とするコトは東インドネシアの人々やマレーシアのボルネオ島の先住民も用いる。これらのコトは、竹の表皮を切りだして弦にする場合もあれば、スチールなどの外付けの弦を用いる場合もある。また演奏方法も弦をはじいて音を出す場合も撥で弦を打奏する場合もある。インドネシアのティモール島には、竹筒を共鳴胴としてスチール弦を張ったコトに音響効果と装飾のためにパルミラヤシの葉を扇状に成型したものを取り付けたササンド *sasando* と呼ばれる楽器がある。ササンドの演奏は誕生、結婚などの行事に際しても見ることができる。この楽器は歌謡とともに演奏されることが多い。

　削って調律した竹筒を枠にはめ込んで振って音を出すアンクルン *angklung* はインドネシアのジャワ島西部で用いられていた。もともとは伝統音楽の音階に合わせて作られていたが1930年代に西洋音階に基づくアンクルン・ディアトニスが開発されて以来、学校教育などでも盛んに用いられるようになった。近年は西洋音階に基づくアンサンブルが国内の各地に広まっている。後述するようにアンクルンは2010年にユネスコの無形文化遺産としても登録された。現在ではアンクルンにコントラバスやヴァイオリンなどを加えたアンサンブルも見られる。

　竹筒を地面に打ちつけて音を出すスタンピング・チューブや切り込みを入れた竹筒を手などに打ちつけて音を出す楽器も見られる。

　以上のような竹の楽器は大規模な合奏形態の中で用いられる場合もある。上述のバリ島のジェゴッグは大型の竹を用いた鍵盤楽器を組み合わせた編成で、最も大きな楽器を演奏する際には演奏者が楽器の台の上に乗って覆いかぶさるようにして全身の力を込めてバチで竹製の鍵盤を演奏する。それぞれ対になった鍵盤楽器は微妙に音程をずらして調律されており、同時に演奏することで独特のうなりが生じる。編成も大規模で、グループ間で演奏を競い合う競演の形態が多い。一方で、小規模の合奏に用いられる身近な楽器としての位置づけを持つ竹の楽器もある。ジャワ島西部の竹笛スリンは、琴、歌とともに歌謡のジャンルの中で演奏される（写

4-6 竹の楽器の合奏

真69)。

多様な竹の楽器のアンサンブルもまた、インドネシア音楽の中で重要な位置づけをもっている。

写真69：ジャワ島西部のトゥンバン・スンダ

第4章　音楽と楽器

コラム　東南アジアの竹の楽器

　マレーシアのボルネオ島やフィリピンのルソン島北部コルディリエラ山地には鼻の呼気で吹く鼻笛がある。これは竹の節の閉じたところの先端に吹き口の穴をあけ、三つほどの指穴を開けたシンプルな構造の楽器であるが、鼻の呼気によって音を出すためデリケートな音色が特徴的な楽器である。演奏する際には片方の鼻の穴に草などを詰めてもう片方の穴から呼気を出す場合もある。

　また、その他にも東南アジアにはさまざまな竹の楽器がある。大陸部のラオスや東北タイにはケーンと呼ばれる笙がある。これはリードをつけた竹管を束ねて竹管の指穴を操作しながら呼気と吸気によって音を出す楽器で、中国や日本で雅楽などの中で演奏される笙と同じ仲間の楽器である。細い竹管に金属製のリードを取りつけ、指穴を開ける。空気を送り込んで音を出したい管の指穴を押さえると、空気がリードを振動させて音が出るというしくみの楽器である。東北タイやラオスでは、モーラムと呼ばれる歌謡の掛け合いとともに演奏されることが多い。

　その他に竹のパンパイプも見られる。ラオスのヴォドと呼ばれるパンパイプは、9本の細い竹管を中心の管の周囲に環状に配置して蜜蝋で固めたものである。手で楽器を回しながら演奏する。ベトナムでは竹管で作った笛を治療儀礼で用いる事例もある。東南アジアには豊富な種類の竹が生育している。生活用具などにも多用されるが、竹の楽器が多いことは東南アジア音楽に共通する特徴でもあるだろう。

4-6 竹の楽器の合奏

コラム　東南アジアの木琴とコキュウ

　金属でできた鉄琴や竹でできた竹琴の他に、木琴も合奏の中で用いられる。木琴はジャワ島のガムランでも用いられ、主旋律を細かく装飾したパターンを演奏する。ジャワ島の木琴は木製の共鳴箱の上に木製の鍵盤を並べたものを、バチで演奏する。バチの持ち手は水牛の角を細くしたものを用いて適度なしなりを持たせてある。

　タイ、カンボジア、ビルマなどの東南アジア大陸部でも木琴はよく使われる。大陸部の木琴は木製の舟形の共鳴胴にチーク（または竹）で作った鍵盤を紐で取り付ける。舟形の共鳴胴の両端に、つなぎ合わせた鍵盤を紐などで曲線状に吊り下げる。共鳴胴と鍵盤が接触していないため軽快な澄んだ音がする楽器である。タイの木琴ラナートは、鍵盤の裏側に蜜蠟と鉛を混ぜたものを張り付けて音の高さを調整する。この楽器は、タイの宮廷音楽や舞踊や影絵の際にも演奏される合奏形態ピーパートの中心的な楽器となる。ミャンマーでは同様の形態の木琴をパッタラーと呼んでいる。

　2004年に製作されたタイの映画『風の前奏曲 The overture（ホームローング）』（監督イッティスーントーン・ウィチャイラック）は、実在のラナート（タイの木琴）奏者ソーン・シラパバンレンの生涯を描いた映画である。19世紀末のシャム王国時代の伝統楽団員の父親のもとに生まれたソーンはラナート奏者としての才能を開花させていく。時代は移り変わり、西洋化志向の強まる中で伝統音楽や伝統芸術は国家の近代化に相反するものとして位置づけられていく。そのような時代の中でも、強い意志を持ち続けタイの伝統音楽を守り続けた主人公の姿は、現代のタイの人々にも大きな感銘を与えたようだ。映画の中には、多くの演奏シーンが見られる。ソーンがライバル演奏家と競演する迫力のある場

第4章 音楽と楽器

面、ピアノ演奏とラナートとのセッションを行うクールな場面など、見応えのある演奏シーンが興味深い。

　金属打楽器が主流とされている東南アジアであるが、コトやコキュウなどの弦楽器も多く見られる。木製の共鳴胴に弦を張ったコトは歌謡の伴奏などに多く用いられ、また前述のように竹を共鳴胴として表皮を切り出し弦にしたり外付けのスチール弦などを張ったものも見られる。コキュウも合奏や歌謡の伴奏に用いられる。インドネシアのジャワ島やマレーシアでは牛の胃袋の皮を張った胴に木製の棹を取り付けてスチールなどの弦をはったコキュウが影絵、人形劇、舞踊の伴奏や合奏音楽などに用いられる。マレーシアではコキュウを病気治療の儀礼に際して演奏することもあり、その場合には演奏に合わせて治療師が踊りトランス状態に入っていく。マレーシアのコキュウは楽器が人体（あるいは人の顔）に擬えられており、各部の名称も糸巻きは耳、胴体に張った皮の部分は顔、装飾につけた糸は髪の毛と呼ばれている。

4-7　合奏における太鼓の重要性

　太鼓にはさまざまな種類が見られるが、樽型あるいは筒型の木製の胴体の両面に水牛の革を張ったクンダンはガムラン合奏におけるリズム楽器としてまたその他のアンサンブルの中で広く用いられている。樽型あるいは筒型両面の太鼓は、皮製の紐で両面の皮を引っ張り合いながら張力を調整して音高を変えていく原理を持っており、同様の構造の太鼓はインドやネパールなど南アジアに多く見られる。また樽型および筒型太鼓の両面太鼓の中には鋲打ちでとめたタイプもあり、こちらは東アジアの楽器との共通点も見られる。

　ジャワ島やバリ島のガムランの中で太鼓はリズムをリードする重要な役割を果たす。ジャワ島では大小が対になった樽型の太鼓を用いる。バリ島では雌雄の名称を持つ二つの筒型の太鼓を対で用いる。演奏の際には素手またはバチで皮面をたたく。太鼓は後述する舞踊と密接な関わりを持つ。多くの場合、舞踊の動きの型と太鼓の演奏のパターンは対応しているため、舞踊を演じる際には両者の息の合った上演が必要となる。そのため太鼓奏者は優れたダンサーでもある場合が見られる。

　ジャワ島西部の太鼓は樽型に成型したジャックフルーツの木の胴体の両面に水牛の皮を張って製作する。両面の皮を留める竹製の枠同士を水牛の皮で作ったひもで引っ張り合うことによって皮の張力を調整する。また演奏者が皮面を足のかかとで押しながら張力を調整することもある。こうして製作した太鼓を複数用いる合奏形態であるランパック・クンダンは、大小の太鼓を演奏する複数の奏者たちが振り付けも交えながらダイナミックな演奏を行う合奏形態で、1980年代に民俗舞踊がステージ化されたジャイポンガンの舞踊が創作された時期と時を同じくして考案された（写真70、71）。

　この他、枠型の片面太鼓もインドネシアの各地に見られる。これらは西アジアの太鼓との関連が深く、サラワット *salawat* と呼ばれるイスラーム歌謡のジャンルにおいて用いられることが多い。この歌謡では、アラビア

91

第4章　音楽と楽器

写真 70、71：ジャワ島西部の太鼓の演奏

語による歌と枠型片面太鼓の演奏が見られる。スマトラ島でも、これらの宗教歌謡の中で数人から数十人の奏者による枠型太鼓の演奏が見られる。また後述するザピン舞踊の中でも枠型の片面太鼓を用いる。その他、ゴブレット型の片面太鼓も見られる。

4-8　古典歌謡

　器楽の大規模な演奏形態が見られる一方で豊富な歌謡のジャンルも見られる。ガムラン音楽の中でも歌謡は重要であるが、それだけでなく歌謡が主体となる音楽ジャンルも多く存在する。ジャワ島西部のトゥンバン・スンダ・チアンジュランは女性歌手、男性歌手、カチャピと呼ばれるコト、竹笛スリン、またコキュウの仲間であるルバッブという楽器からなる編成である。この歌謡は、かつて上流階級の人々のたしなみとして貴族たちが集まって自作の歌を披露し合う中で愛好されてきたとされており、現在でもジャワ島西部では歌手や文化人の集まりで歌が披露される機会が多い。また優れた歌手はしばしば歌を創る人でもあり、地方語であるスンダ語を用いた詩を創る名人でもあった。結婚式などの祝い事や各種イベントでも歌われることが多く、コンクールなども行われる。またラジオでの放送なども定期的に見られ、多くの愛好家たちが集まって歌う機会もある。

規則的な拍子に従わず拍が伸縮するフリーリズムの歌はママオス *mamaos* と呼ばれ、歌い手のこぶしのきいた歌い方も特徴的である。この部分では古代王国への郷愁、叙事詩の人物の心情、自然界への畏敬や賛美などを含む抽象性の高い文学的な内容の歌詞が朗唱される。それに続く拍節的な歌であるパナンビ *panambih* の部分は韻を踏んだ二対の詩から成る形式で作られており、恋愛などを含む比較的身近なテーマが歌われる。パナンビの詩には新作なども多く見られる。

現在の上演形態は、拍節のない自由リズムのママオスと拍節のあるパナンビを組み合わせるのが普通である。この歌謡には狭い音程を含むペロッグ音階とソロッグ音階、1オクターブをほぼ均等に分けたサレンドロ音階の3種が用いられてきた。コキュウの仲間である擦弦楽器ルバップはサレンドロ音階の歌のみに演奏される。

4-9 楽器の造形と象徴性

楽器には音色だけでなく造形の面でも特徴が見られる。楽器の造形は多くの場合、音響や音質に影響を及ぼすが、それだけでなく造形からさまざまな象徴性が見られる場合もある。装飾の特徴、造形の象徴性、楽器の社会における位置づけなどを知ることによって楽器が単に音を出すための道具ではないということがわかる。

前述のように、ジャワ島中部の青銅製のガムランの場合、楽器を吊るしたり置いたりする木製枠に竜をかたどった彫刻がされていることが多い。東南アジアでは竜が宇宙の最下層をなす冥界、水界、地下界をあらわす存在としてさまざまな神話との結びつきがみられる。竜が水あるいは火などの象徴とされているという話もよく聞かれる。ジャワ島の王宮の王スルタンは宇宙の中心的存在として崇められてきた。王宮の楽器などに竜が彫刻されていることは、こうした王権に関する考え方とも関係が深いと言えるだろう。ガムランの楽器はすでに述べたように楽器のセットにも特別な名称がつけられるが、装飾の彫刻もセットによって工夫が凝らされている。

第4章　音楽と楽器

写真72：製作中のゴングの枠の一部
竜と王冠の彫刻が見られる

写真73：バリ島の割れ目太鼓

写真74：バリ島のガムランのゴング

竜はよく用いられるが、この他にも王冠や花を模した彫刻が施された楽器もある（写真72）。

　この他に楽器を人体になぞらえる事例も見られる。マレーシアでは、コキュウの各部分を人間の顔や人体になぞらえた名称で呼ぶ。楽器を人や動物あるいは想像上の生き物にたとえることは、日本も含めて世界の他の地域にも多く見られる。

　さらに楽器に雌雄の区別がある場合も見られる。ジャワ島では大小の太鼓をそれぞれ「母」と「子」と呼ぶが、バリ島では一対の太鼓を共鳴胴の内部の形状によって「雌」、「雄」と呼ぶ。これらの太鼓は対で用いられ、演奏するリズムも掛け合いのリズムになっており、両者が合わさって一つのリズムパターンを形成する。

　また楽器が共同体において重要な位置づけを持つ事

例もある。ジャワ島やバリ島でクントンガンと呼ばれる楽器は、木をくりぬいて割れ目を入れた割れ目太鼓（スリット・ドラム）の一種で、村の集会場などに置かれ人々に合図や知らせをおくるために演奏される（写真73）。

さらに前述のように青銅をはじめとする金属製のゴングは神聖な楽器として位置づけられ供物が供えられることもある（写真74）。

4-10 インドネシア音楽の海外への影響

インドネシアのガムラン音楽は、国外の人々にも影響をもたらした。1889年のパリ万博では、フランスの印象派作曲家として知られるクロード・ドビュッシー Claude Debussy（1862-1918）がジャワのガムラン音楽を聴いて感銘を受けたことを手紙に記している。ドビュッシーはガムランの中に使われていた5音音階をピアノ曲の作曲に全音音階として取り入れ、また打楽器のような奏法を多く用いて楽曲を創ったとされている。「版画」Estampes と題する組曲の中のピアノ曲「仏塔」'Pagodes' の中では、低音がゴングのような使われ方をしており、メロディの中にガムランの特徴的な要素が取り入れられているとされている[4]。

カナダ人の音楽家コリン・マクフィー Colin McPhee（1900-1964）は、バリ島のガムラン音楽に強い影響を受けたことで知られている。1920年代にオデオン社からリリースされたバリの録音に影響を受け1931年にバリ島へ移住し、その後約8年にわたりバリ島に滞在した[5]。ガムランの影響が色濃くあらわれた曲も創ったが、A House in Bali（1946、邦訳『熱帯の旅人』）と題するバリ島での生活や調査の経験に基づく書籍や Music in Bali（1966）と題する音楽学的な研究成果でも知られている。

こうした作曲家や研究者に影響をもたらしただけでなく、ガムラン音楽は海外の多くの大学で音楽学の教育において活用された。UCLAではイン

---

4) Jones 1994：64
5) Tenzer 1991：16

ドネシアからの講師を招聘してジャワ島のガムランやバリ島のガムランの実技の授業が開設された。

　現在、大学のキャンパスを拠点とするグループや私設のグループも含めて、多くのガムランのグループが海外で音楽活動を行っている。日本にも大阪大学を母体とするグループ「ダルマ・ブダヤ」、東京芸術大学を母体するグループ「ランバンサリ」などをはじめとする多くのガムラングループが見られる。これらのグループは伝統的なガムランの曲に加えて創作活動や新曲に挑戦することもあり、またインドネシアあるいは海外で開催されるガムランフェスティバルなどにも精力的に参加している。

4-11　西洋音楽の影響

　20世紀になるとインドネシアの音楽は新たな時代を迎え、西洋の音楽教育や音楽演奏の経験をもった音楽家が登場してくる。こうした状況の中で西洋音楽の影響を強く受けた作品が多く創られるようになった。

　インドネシアの国歌「インドネシア・ラヤ」は1928年にジャーナリストのスプラットマンによって作られた。4拍子のマーチ風の曲にインドネシア語の歌詞がつけられた歌である。「インドネシア・ラヤ」をはじめとして、国民国家としてのナショナリズムの高まりとともに20世紀前半に作られた多くの歌は歌詞の内容は独立を目指す理想が歌われている一方で、音楽的には西洋音楽の影響を強く受けている。この時代に活躍した作曲家は西洋音楽の教育を受け、後述するクロンチョン keroncong 音楽の演奏家や作曲家になった人が多い。

　国民的作曲家として知られるイスマイル・マルズキ Ismail Marzuki (1914-1958) は、44年の生涯の間に240を越える曲を作った。ジャカルタに生まれ、オーケストラ団員として各地で演奏旅行を行ったのち植民地政府のラジオ局専属のオーケストラに入って演奏家としても活躍した。クロンチョンの名曲に加えて独立戦争期の戦いを歌った「ハロー・ハロー・バンドン」、抒情的な「ラユナン・プロウ・クラパ」などの名曲を残している。

その功績をたたえ、1968年に首都ジャカルタのアートセンターは「イスマイル・マルズキ公園」と名付けられた。

作曲家クスビニ Kusbini（1906-1991）はジャワ島東部に生まれ音楽学校で学んだ後、植民地政庁のラジオ局のスラバヤ支局で活動した。その後ジャカルタへ移動し、日本軍占領期のラジオ局では指揮者としても活躍した。クロンチョン音楽を得意として、ギターを持ってクロンチョンを歌ういなせな若者を意味する「ブアヤ・クロンチョン」として知られていた（ブアヤはワニを意味する）。「わが祖国のために」をはじめとする数々の名曲を生み出した。またジャワ島中部のジョグジャカルタに音楽教室を創設し後進の指導にあたった教育者としても知られている。のちにポピュラー音楽界で活躍したエビート G. アデ Ebiet G. Ade などをはじめとする多くのアーティストたちがここで学んだ経験を持つ。

こうした西洋音楽の影響については、後述の第6章でポピュラーカルチャーについて記述する際に再度考察する。

4-12　現代的サウンド創りをめざす楽団　サンバ・スンダ

ジャワ島西部のバンドンを拠点として活動する音楽グループであるサンバ・スンダ Samba Sunda は伝統的音楽を現代的サウンドで発表し続けている。リーダーのイスメットは国立芸術大学音楽専攻の出身で、ジャワ島西部スンダ地方の伝統音楽に深く傾倒しているが、その一方でスタジオ録音などの技術も重視しながら新しいサウンド創りに挑戦している。サンバという名称を冠しているものの、実際の音楽はブラジルのサンバ音楽とは異なっている。だがパーカッションのリズムに重点を置いているという特徴はどの曲にも共通しているようだ。彼らの演奏と歌は、欧米の音楽の影響を受けて伝統音楽をポピュラー音楽化していくのとはやや路線を異にしており、編成としてはジャワ島西部のガムランや伝統歌謡の楽器編成を基本とする。そこに竹の楽器を加えたり、時にはヴァイオリンなどの西洋楽器を加えたりする試みも見られる。また音階を変えたり、欧米のポピュラー

第4章　音楽と楽器

写真75：サンバ・スンダのCDジャケット

音楽を伝統的な編成で演奏することも行う。だがあくまで基本となるのはジャワ島西部の伝統音楽であり、メンバーも伝統音楽の演奏に長けた選りすぐりの人材である。スタジオでの音楽作りの作業では複数トラックを使用して録音したものをミックスする技術にも重点が置かれているようだ。彼らの高い演奏技術に、スタジオ録音の高度な技術を施してできあがった新たなサウンドは「新スンダ音楽」とでも呼ぶべきものでインドネシアの現代音楽の試みの興味深い事例である（写真75）。

コラム　外来文化によってもたらされた楽器

　本文で紹介した楽器の他に外来文化の影響にともなって持ち込まれた楽器類も多く見られる。14世紀にイスラーム教の布教とともにコキュウの仲間ルバップやウードの仲間ガンブス、タンバリン型の片面太鼓などが中東地域からもたらされた。コキュウは歌謡とともに演奏され、またガムラン音楽の中で旋律楽器として用いられる。ガンブスや片面太鼓などはイスラーム歌謡のジャンルや後述するザピン舞踊などの際にも演奏される。オーボエの仲間である複数リードのチャルメラも見られる。ジャワ島西部では護身術の武術舞踊プンチャ・シラットの中でチャルメラが用いられる。木製の笛にリード管を取り付けてパルミラヤシの葉を用いた4枚リードを取り付けたチャルメラはマレーシアにも見られる。

　インドを経由して入ってきたヴァイオリンや19世紀後半にもたらされたハルモニウム *harmonium*（小型オルガン）などの西洋楽器は大衆文化の発展に重要な役割を果たしてきた。ハルモニウムはインド経由でマレー半島に伝わり、大衆演劇を通して伝えられた。これらの楽器は、インドネシアのポピュラー音楽の諸ジャンルの中でも頻繁に用いられている。現在ではハルモニウムの代わりに携帯がより容易なアコーディオンが用いられることも多い。

第4章　音楽と楽器

> ガイディング・クエスチョン
>
> ①あなたが考える「音楽」の条件とはどのようなものですか。
> ②インドネシアのガムラン音楽と西洋音楽との違いはどのような点に見られますか。
> ③楽器の素材、構造、音色、製造方法などからどのようなことがわかると考えますか。

📖 読書案内

藤井知昭 監修・民博「音楽」共同研究　編『「音」のフィールドワーク』1996年　東京書籍

　世界各地の音文化に関するフィールドワークの多様な成果が集められている学術書。インドネシアに関する論考が6本収められている。

皆川厚一 著『ガムランを楽しもう：音の宝島バリの音楽』音楽指導ハンドブック20　1998年　音楽之友社

　音楽指導ハンドブックの一つで、主として学校の音楽教師向けに書かれた指導書。アジア音楽の中でも世界的に注目されているバリ島のガムランを中心に、その音楽の特徴と演奏の仕方、またバリ島の音楽教育の現状などをはじめとしてコミュニティにおける音楽の位置づけについて分かりやすく解説した記述が見られる。

📺 視聴覚資料案内

バリ島の音楽

　『炸裂のゴング／バリ・アビアン・カパスのゴン・クビャール』
　　KICC-5154　皆川厚一監修　キングレコード

『究極の声絵巻／バリ島ボナのケチャ』 KICC-5128 皆川厚一監修 キングレコード
ジャワ島の音楽
『スラカルタ王宮のガムラン ジャワ』 田村史監修 キングレコード
『スンダ音楽の巨匠～ジャワ島西部の音楽』 KICC 5212 福岡まどか・ナノ S. 監修 キングレコード

■映像資料案内
みんぱくビデオテーク 1501 『ワヤン・クリットとガムラン』福岡正太監修

第 5 章

舞踊

　舞踊においても多様なジャンルが見られる。主として伝統的なコンテクストの中では舞踊はさまざまな宗教や祖先崇拝・自然崇拝などの信仰にかかわる儀礼と密接な関連を持つ。舞踊の表現は日常的行為や動作を高度に様式化した独特の身体動作によってなされる。このような様式化された身体動作による表現は、神あるいは信仰の対象などの目に見えない存在へ近づく一つの手段となってきた。激しい身体動作や特定の動きの反復などによって踊り手がトランス状態になる場合も見られる。また舞踊は東南アジアの各地で王や統治者の権力を象徴する上演芸術として演じられてきたという側面もある。多様な舞踊のジャンルの中には叙事詩や物語と深い関係を持つものも多い。これらのジャンルの多くは舞踊と演劇が分かち難く結びついた舞踊劇でもある。民俗芸能の中で演じられる舞踊、イスラームなど特定の宗教と密接な関連を持つ舞踊もある。その他、ストリートダンスやモダンダンスなどの現代的舞踊も多く見られ、また伝統的なジャンルを土台とした創作の試みも見られる。

　以下に宮廷舞踊・古典舞踊、舞踊におけるトランスジェンダー、舞踊と音楽との関係、舞踊の楽譜、舞踊専門の教育機関、民俗舞踊・護身術舞踊、舞踊における化粧と衣装、仮面舞踊、アラブ起源の舞踊、現代舞踊、民俗

第5章　舞踊

舞踊に基づく創作舞踊、の各項目について概観する。

5-1　宮廷舞踊・古典舞踊

　王宮文化の中では王や統治者の権力を象徴する芸術が育まれてきた。ジャワ島中部のブドヨ *bedhaya* とスリンピ *serimpi* は、16世紀以降のイスラーム・マタラム王国の秘儀的舞踊として発展したとされる。どちらもジャワ島中部様式のガムラン音楽をともなって上演される。9人の女性舞踊手が演じるブドヨはマタラムの王スルタン・アグンと南海の女王との出会いを描く物語に基づく。海底の宮殿に住む南海の女王ラトゥ・ロロ・キドゥルはスルタン・アグンと出会い、宮廷で優美な舞踊ブドヨを演じたとされる。別れる際に女王は王国が危機に遭遇した際には助けにくると約束したと言われている。一方スリンピは4人の女性舞踊手が戦いなどを様式化した典雅な動きとともにさまざまなフォーメーションを形づくりながら演じる（写真76）。これらの舞踊では、下半身に巻いた布の一部を足の間にたくし込んで踊り手の後ろに引きずるようになっている衣装を用いることが多い。上演の際にはこの後ろの部分を足で蹴るようにして演じるのが独特な動きである。この布の折り目の間に花びらなどを入れておいて足で蹴ると、上演中に舞台に花びらが舞いあがる独特の演出効果がみられる。また踊り手は、腰に巻いた飾り布を楽曲の節目に手ではらって動かし、独自の優雅な動きを行う。この飾り布は時には鏡、剣、弓矢などを象徴的に表す場合もある。また、実際に戦いを模した舞踊の中では剣や弓矢を小道具として携えて演じるケースも見られる。

　これらの宮廷舞踊は、結婚式や即位式などをはじめとする王宮のさまざまな行事に際して上演されてきた。中には秘曲とされるものもあり、特定の儀礼でのみ演じられるものもあった。こうした儀礼的な側面を持つ宮廷舞踊では、上演の際に供物が用意され、香を焚くことも行われる。ジャワ島中部の古典舞踊の動きは、水の流れにたとえられることが多く、途切れることなく流れるような身体運動が重視される。こうした古典舞踊は、

5-1 宮廷舞踊・古典舞踊

ジャワ語で「洗練された」という意味を持つハルース halus という概念をもっともよく体現している表現形態である。古典舞踊の女性の踊り手は腰を落とし視線も下向き加減にしてやや前かがみの姿勢で身体の重心をゆっくりと移動していく。こうした姿勢や首の角度、身体の動きの柔らかさなどは、影絵や人形劇に用いる人形の性格のあり方との共通点も見られる。

この他にも女性が身だしなみを整える動きを様式化したガンビヨンやゴレなどの古典舞踊もある。

写真 76：ジャワ島中部ジョグジャカルタの宮廷舞踊
スリンピ

写真 77：ジャワ島中部ジョグジャカルタの舞踊
クロノ・トペン

また荒々しい魔王の姿を表現する仮面舞踊クロノ・トペンなどをはじめとする男性舞踊も知られている（写真 77）。男性舞踊の場合には衣装などの違いもあり女性舞踊に比べるとより大きな動きが見られる。比較的洗練された貴公子のタイプの舞踊、また荒々しい魔王のようなタイプの舞踊も見られる。

流れるような動きを特徴とするジャワ島中部の舞踊とは対照的にバリ島の舞踊はダイナミックなリズムの緩急やテンポの変化に基づいて演じられる。バリ島で儀礼の際に演じるサンギャン・ドゥダリは初潮前の少女たちが神々に捧げる舞踊で、悪霊退散、疫病平癒などを祈願する宗教色の強い舞踊であったとされる。現在はこの舞踊を土台にして 20 世紀初頭に新たに演出された女性舞踊レゴン legong が観光客向けなどに演じられている。

105

第 5 章　舞踊

男性舞踊バリス *baris* は勇壮な戦士の舞踊である。
　これらのさまざまなタイプの舞踊を、身体の動きの特徴、衣装、複数のダンサーの場合にはダンサーの描くフォーメーション、音楽との関連、物語世界との関連、などの諸点から見てみると、それぞれの舞踊の持つ特徴的要素がわかりやすくなるだろう。

コラム　カンボジアの古典舞踊アプサラ

　カンボジアの古典舞踊アプサラは、複数の女性舞踊手たちによる優美な舞踊として知られている。これはアンコールワットのレリーフに描かれた天界の踊り手たちに由来する舞踊とされている。天界の踊り手たちはヒンドゥーの天地創造神話である乳海攪拌の場面に描かれている。この物語は神々と魔族アスラが不老長寿の妙薬アムリタを作り出すために海を攪拌する物語である。ヒンドゥーの神ヴィシュヌの化身である巨大亀クールマに大マンダラ山を乗せて大蛇ヴァースキを絡ませて引っ張り合い山を回転させて海をかき混ぜたとされている。アンコールワット（12世紀前半）の第一回廊南東側には約50メートルにわたり乳海攪拌図のレリーフが見られる。左側に魔族アスラ92体、右側に神々が88体刻まれており大蛇ヴァースキを綱にして引っ張り合っている。中央には大亀の背中に乗るヴィシュヌ神が4本の手で仕切る姿が刻まれその手には妙薬アムリタが乗っている。上部に天空を飛翔するアプサラが144像彫られている。その姿は、両腕を肩まで上げて手のひらを上にして手首を曲げ、左または右の足を高く蹴り上げて飛翔する様子をあらわしている。現在のアプサラ舞踊の代表的なポーズによく似た姿である（写真78）。この舞踊は遺跡のレリーフに描かれた画像と現在の上演との関連が分かりやすい事例の一つであるだろう。

写真78：カンボジアの女性舞踊　アプサラ
片足を上げたポーズがよく知られている
（写真提供　福岡正太）

第5章　舞踊

5-2　舞踊におけるトランスジェンダー

　ジャワ島の舞踊には、男性の貴公子的な洗練された舞踊から荒々しい舞踊に至るいくつかのタイプが見られ、その他に女性の洗練されたタイプの舞踊、女性のやや勇ましい舞踊などのさまざまなタイプが見られる。通常、芸術大学の舞踊専攻科では男女双方の生徒がすべてのタイプの舞踊を習得する。またジャワ島の舞踊では男性が女性の舞踊を演じ、女性が男性舞踊を演じるトランスジェンダーの伝統も見られる。女性が男性役を演じるのは、現在でも観光芸能などの中で比較的頻繁に見ることができる。一方で男性が女性の舞踊を演じる伝統は、前述した大衆演劇などを除くと現在はあまり見られなくなっている。女性舞踊を教える男性教師は多く見られるが、観客を前に女形を演じる機会は少なくなっているようだ。女形は日本でも見られるように、姿勢や歩き方やしぐさなどのすべてにわたって長期間の特別な訓練が必要となる。またジャワ島の舞踊は首、肩、腕などの上半身の露出も多いため、身体的にも痩身の踊り手でないと女形は難しい。こうした理由もあって現在では女形の舞踊家はあまり見られなくなっている。以前は、ジャワ島の王宮などで少年たちが女装をして女性舞踊を演じる伝統もあったが現在では宮廷舞踊でも女形の舞踊家は見られなくなった。ジャワ島の一部の地域で大衆演劇や民俗芸能などに女形の舞踊家が存在する[1]。ジャワ島ジョグジャカルタを拠点に芸術活動を行うディディ・ニニ・トウォ（1954-）は、ジャワ島で数少ない女形ダンサーとして活躍している。すたれつつある女形の伝統を復活させるべく、日本をはじめとするアジアの各地で伝統舞踊を習得し、さまざまな作品を創って独自の芸術活動を展開している[2]（写真79）。

　インドネシアには伝統的に日常的な女装者も存在している。女装者は必ずしも踊り手ではなく、女形ダンサーも必ずしも日常的女装者ではない。

---

1) Peacock 1987：52-53, 168-172
2) cf. 福岡 2014

女装者は女性的な外見と行動パターンを持ち、伝統的には結婚式などの化粧師として活躍することが多かったことが指摘されている[3]。現在でもサロンの美容師などを職業とする場合がある。女形に扮する男性芸術家はしばしば女装者と同じだと見なされて社会的な批判が見られるという事情もあるが、本来は女形のダンサーと女装者は別のカテゴリーとされてきた。

このように舞踊においてトランスジェンダーを行う伝統は、日本も含めてアジアの各地に見ることができる。舞踊の上演の中で身体の動きや衣装・化粧などの身体表象を通してどのようにして異なったジェンダーの表現が実現されているのか、という点に注目してみるのも興味深い。

写真79：女形ダンサー　ディディ・ニニ・トウォの上演
（写真提供　DNT Entertainment）

5-3　舞踊と音楽との関係

舞踊の上演は常に音楽の演奏と密接な関連を持っている。ジャワの伝統的な舞踊においては通常、舞踊の動きの型は「基本的な型」と「つなぎの型」の組み合わせから構成されており、それらの動きの型は音楽の構造にのっとって展開される。「基本的な型」には多くの種類があり、ヴァリエーションも豊富に見られる。一方で「つなぎの型」はある程度限られており、決まっている場合が多い。ガムラン音楽の場合には、大型のゴングが鳴るひとまとまりの周期に合わせて、舞踊の動きの型が配置される。踊り手は

---

3) cf. Oetomo 1996, Boellstorff 2003, 2005

第 5 章　舞踊

「基本的な型」を組み合わせて、周期の最後の部分で「つなぎの型」を演じる、というパターンをくり返しながら、上演の見せ場を創っていく。

　振り付けはかなりの程度まで厳密に決められている場合もあり、またより即興的な要素が強い場合もある。複数の踊り手たちが演じる場合にはフロアパターンも振り付けの重要な一部となる。ジャワ島中部の宮廷舞踊などでは、複数の踊り手たちが描くフロアパターンがさまざまな意味を持つ場合がある。

　こうした動きの型と最も密接な関連がある楽器は通常は太鼓である。宮廷舞踊の場合には熟練した専門家が木箱を叩くリズムパターンと舞踊の振り付けが連動する場合もあるが多くは太鼓奏者の演奏がもっとも舞踊と密接な関連を持つ。動きの型において、身体の動きと太鼓の演奏パターンは密接に対応している。踊り手は楽曲の構造を知り太鼓の演奏を聴き分けることができなければならず、逆にまた太鼓奏者は踊りの型を熟知している必要がある。すぐれた太鼓奏者は踊り手であるという場合も見られる。踊り手の合図や動きを察知して太鼓奏者は動きに対応する型を演奏し、さらに楽曲全体のテンポや拍の刻みもリードしていく。

　このように楽曲全体の構造との関連や太鼓のリズムパターンと動きの型との関連などの点で、舞踊の上演と音楽の演奏とは不可分の密接な関係にある。

5-4　舞踊の楽譜

　伝統音楽と同様に舞踊の実践や伝承の中でも楽譜あるいは舞踊譜に相当するものはあまり見られない。だが、舞踊の身体の動きの型には名称がつけられている場合もある。ジャワ島チルボンの仮面舞踊の中には、「花が落ちる」という名称のように動きのイメージが比喩的に言語化されたものもあれば、「腰飾り布を蹴る」という名称のように動きの描写が言語化されたものもあり、「パック・バン」という名称のように対応する太鼓の演奏の擬音語が言語化されたものもある。また、名称の意味が踊り手自身に

もあまりよくわからないというケースもあり、さらに名称が特にない動きも見られる。踊り手にとっては基本的な動きの型を習得して、それを自身のレパートリーとして蓄えておくことが重要となり、上演では音楽に合わせてそれらの型を展開していく技能が必要となる[4]。

踊り手が踊りを習う際には、音楽の演奏を手掛かりにしながら、こうした動きの型を身に付け、その展開方法を経験的に学んでいくのが普通である。分析的な視点を重視したり楽譜を記したりすることは伝統的にはあまり見られなかった。特に日本におけるピアノ学習に見られるように、楽譜を媒介として教授や練習がなされる習得のスタイルはあまり多くない。楽譜は、覚え書き程度に記憶のために用いられるケースが多く、楽譜に準ずるようなものをまったく用いない習得のやり方もある。

一方で今日、芸術教育機関などでは、動きの名称を可能な限り言語化して記述し、それらを分析的に検討して一種の舞踊譜のようなものを作って習得や分析の手がかりにする場合もある。この舞踊譜は数字で記された音楽の楽譜の下に動きのパターンの名称を書き入れていく形式をとっている。また伝統舞踊に基づく創作を創る場合にもこうした動きの型の分析が活用されることも多い（舞踊譜の一例を次頁に示す）。

---

4) 福岡 2002：84-92

第5章 舞踊

前奏　443213|234313②

|・・・5|・・・(4)|・・・5|・・・②|・・・5|・・・(4)|・・・5|・・・1|

|・・・5|・・・(4)|・・・5|・・・(1)|・・・5|・・・(4)|・・・5|・・・②|
　　　　seblak soder　　(J)1.lembean gancang　　　　　　(P)buang rawis

|・・・5|・・・(4)|・・・5|・・・②|・・・5|・・・(4)|・・・5|・・・1|
(P) banting tangan　(P) godeg　　　　(J)2. pasang

|・・・5|・・・(4)|・・・5|・・・(1)|・・・5|・・・(4)|・・・5|・・・②|
　　　　　　　　(P) buang rawis　(P) nglarap　　(P) buang rawis

|・・・5|・・・(4)|・・・5|・・・②|・・・5|・・・(4)|・・・5|・・・1|
(P) banting tangan　(P) godeg　　　(J)3. lembean arang

|・・・5|・・・(4)|・・・5|・・・(1)|・・・5|・・・(4)|・・・5|・・・②|
(P) seblak soder　　(J)4. lembeang gancang2　　　　(P)buang rawis

仮面舞踊　ルミャン（Rumyang）の冒頭部分の舞踊譜
楽譜上段は音楽の楽譜。その下に動きの型の名称を記してある。
上段楽譜の中の（ ）は小型ゴングの打点を示し、○は大型ゴングの打点を示す。
動きの名称の（J）は「基本の型」、（P）は「つなぎの型」を示す。

5-5　舞踊専門の教育機関

　インドネシアには各地に国立の芸術教育機関がある。高等学校と大学が存在する地域もあり、たとえばジャワ島西部のバンドンには芸術専門高校と国立芸術大学がある。こうした芸術専門の教育機関で等しく重視されているのは、その地域に伝わる独自の芸術様式をマスターすることである。その他の部分に関しては地域によって教育カリキュラムや内容にさまざまな違いが見られる。1980年代の終わりから90年代にかけて筆者が留学していた当時、国立舞踊アカデミー（現在の芸術大学の前身）バンドン校には音楽、舞踊、演劇の三つの専攻科があった。近隣のジャワ島中部にある芸

術大学では音楽、舞踊に加えて伝統演劇、特に影絵を演じる人形遣いの養成に力を入れていたのに対して、バンドンの芸術大学では西洋演劇をはじめとするさまざまな地域の演劇の教育を重視している点が特徴的であった。舞踊専攻科ではジャワ島西部独自のさまざまな舞踊のジャンルを重点的に教えており、その他ジャワ島中部の舞踊、バリ島の舞踊など他地域の舞踊に加えて、化粧法の実技もあった。また芸術史などを中心に多くの講義も行われていた。舞踊専攻科には専属の楽団が存在していた。そのため普段の授業はカセットの録音を用いて行うが、学期末試験などになるとガムランの生演奏で一人一人が試験を行うという恵まれた環境であった。授業は朝の7時半開始、一面が鏡になっている教室のなかで一クラス数十人の生徒たちが一つの舞踊を2時間から4時間かけて練習し習得していく。教師による口頭の説明や指示もあるが大部分は模倣と反復をひたすら繰り返す実技であった。近代的芸術教育機関と言えども、習得のやり方はむしろ伝統的なものに近かったと言える。また教員に関しては、芸術大学の専任教員もいたが、一方で各地方の年配の踊りの名手なども特別講師や非常勤講師として携わり学生たちを教えていた。これらの名舞踊家たちの場合には教え方も口頭での説明や指示よりは実践を重視する伝統的な方法が多かった。こうした多様な教師陣による教育を受けて学生たちはさまざまな舞踊を文字通り身体に叩きこんで覚え習得していくことになる。

芸術大学の舞踊専攻科では卒業時に論文の他に実技試験が課される。国立舞踊アカデミーバンドン校の舞踊専攻科で実施されていた実技の試験にはいくつかの種類があった。既存の伝統的な作品をそのままの形で上演する試験は、「供する saji」という言葉に由来するプニャジアン *penyajian* と呼ばれている。この試験では既存の舞踊作品を伝統に忠実に美しく上演する技量が問われることになる。次の段階では、既存の作品をアレンジして新しい創作を作る試験がある。これは「変化させる gubah」という言葉に由来するグバハン *gubahan* と呼ばれている。この試験では、土台になった舞踊はあるものの、振り付け、音楽、踊り手の数などのさまざまな要素をアレンジして、新しいプレゼンテーションをすることが求められる。アレ

ンジの手法は、振り付けをいくつかのヴァリエーションを組み合わせて少しずつ変えていく訓練に始まって、音楽や振り付けの全体をドラスティックに変えていく練習に至るまでさまざまな段階にわたって行われる。最後の段階はコンポシシ komposisi と呼ばれる。この段階では既存のジャンルや舞踊作品にとらわれることなく、新たな身体運動を創りだして作品を構成していく。この試験はコンテポレール kontemporer と呼ばれることもある。作品を構成するためのさまざまな手法は、欧米のモダン・ダンスの教科書の翻訳などを用いて勉強する場合もある。舞踊専攻科の学生たちはこのように授業の中でも創作の手法を学習し、卒業に際してこれらの試験に臨んでいくのである[5]。

5-6　民俗舞踊、護身術舞踊

　宮廷舞踊や古典舞踊が様式化されて洗練されたものであるのに対して、各地で育まれてきた民俗舞踊は緩やかな様式性を持ちつつもより即興的要素が強くダイナミックでエネルギッシュなものが多い。ジャワ島のロンゲン ronggeng は歌い手と踊り手を兼ねる女性が登場し男性を踊りに誘う交流舞踊で、各地にロンゲンの名を冠する芸能が存在する。この舞踊は稲作農耕の中で、豊作を祈って行う予祝儀礼において上演されてきた。ジャワ島西部のクトゥック・ティル ketuk tilu は、小型のゴング（クトゥック）を三つ（ティル）用いることに由来する名称とされる。小型ゴングに太鼓、大型ゴングなどが加わった演奏に合わせて女性歌手が踊りと歌を披露した後、観客の男性たちを踊りに誘う民俗芸能である。この踊りは1980年代に後述するジャイポンガンとして再生されていった。

　バリ島の男女の交流舞踊であるジョゲット・ブンブン joged bumbung は竹製の鍵盤楽器ブンブンのアンサンブルを伴奏に演じられる。また中部・東部ジャワのジャティラン jatilan （またはクダ・ケパン kuda kepang）は、馬、

5）福岡　2002：167-172

虎、獅子などを模した竹製の人形にまたがる男性の踊り手たちがトランス状態をともないながら演じる大道芸である。金属打楽器の演奏をともなうものもあれば、地域によっては竹の楽器の演奏をともなう場合もある。

インドネシアとマレーシアにはシラット *silat*、ラン

写真 80：ジャワ島西部の護身術舞踊プンチャ・シラット
（写真提供　福岡正太）

ダイ *randai* などの護身術舞踊も見られる。シラットは楽器演奏をともなう場合もある。ジャワ島西部のプンチャ・シラットはチャルメラ、2台の太鼓、そしてゴングの演奏をともなって演じられる。プンチャ・シラットの舞踊は拍節のある楽曲に合わせて決まった型を披露する部分とフリーリズムの演奏に合わせて実際の戦いを模した振り付けを披露する部分に分かれている。拍節のある部分で演じられるパンチャル・オパット pancer opat という舞踊は踊り手が前後左右の向きで同じような型の動きを演じて自らの四方向を護りでかためていくタイプの舞踊である。地域によってはシラットの戦いの部分のみが強調されて音楽の演奏をともなわない場合も見られるが、ジャワ島西部のプンチャ・シラットは舞踊としての性格が強く芸術大学の舞踊専攻科でも主要な科目の一つとなっている（写真80）。

5-7　舞踊における化粧と衣装

舞踊を演じる際には踊り手の身体による動きとともに、化粧や衣装なども重要な要素となる。踊り手の容姿を美しくするという機能も重要であるが、それに加えて化粧と衣装の色や造形が神への捧げものとして意味を持つ場合もあり、舞踊劇の中では登場人物の特徴や性格を表現するためにも

第5章 舞踊

必要となる。踊り手たちは役柄にふさわしい化粧をして正しく衣装を身につける訓練も行っている。芸術大学の舞踊専攻科には「化粧法」の授業があり、学生たちは化粧品や衣装の素材や造形や作り方、身につけ方などを物語の中の登場人物の特徴などとともに学んでいく。

また衣装は身体動作の在り方を規定する要素でもある。衣装の特徴によって身体動作や運動量が制限される場合もあり、逆に衣装によって身体だけでは達成できない動きの広がりがもたらされる場合もある。ジャワ島の古典的な女性舞踊では下半身に布を巻く衣装が一般的であり、足を広げたり上に上げたりすることは難しい。一方で上半身は露出度が高く、腕、手、首などの動きは強調される。古典舞踊の男性舞踊では上半身、下半身ともにより運動量の大きい動きが演じられる。また男女ともにサンプール sampur と呼ばれる飾り布を腰に巻いて両手で使ったり、場合によっては長く垂らした布を足で蹴り上げたりして舞踊を上演する。演劇的要素が強い舞踊の中ではこの布は剣や矢などの代わりに用いられることもある。また前述のように実際に剣や弓矢などの道具を身につけてそれらを舞踊の中で用いることもある。戦いの舞踊などは剣の扱い方や相手との組み方なども重要な要素となる。

化粧品の原料にはおしろい花、檳榔樹の実、炭、ヤシ油、米粉などの自然の素材が用いられてきたが、現在ではもっぱら市販の化粧品が用いられる。化粧を施し、装飾品や衣装を身につけることは、踊り手たちにとって日常世界から上演の世界への変換を促す要素の一つである。

化粧を施した場合でも踊り手の顔の表情は舞踊の重要な要素の一つである。ジャワ島の古典的な女性舞踊ではやや伏し目がちな表情が見られるがバリ島の舞踊では目の動きが舞踊の型を構成する重要な要素の一つとなる。これはインドの古典舞踊などとも共通する特徴であるだろう。踊り手たちは身体の動きの練習に加えて目を動かす練習を行う。ヤシ油やヤシの実の汁を目に塗って目を自在に動かせるように訓練することも重視されてきた[6]。

さまざまな舞踊を見る際には、衣装や化粧などの身体表象の側面にも着

目してみるとその舞踊の特徴的な要素が浮き彫りになるだろう。

5-8　仮面と仮面舞踊

　化粧や衣装に加えて、仮面もまた舞踊表現の重要な要素の一つである。前述のようにインドネシアには影絵と人形劇が多く見られるが、仮面舞踊が多いことも特徴の一つである。影絵や人形の場合にはその性格の表現は人形を操り動かすことで達成されるが、仮面舞踊の場合には踊り手は仮面と一体となってその仮面の表現を身体の動きで表現することになる。また化粧のように時間を要さないので、仮面をつけることで瞬時にある役柄に変身できるという効果も見られる。

　仮面舞踊（劇）は東南アジアの他地域にも見られ、主として演者は男性であることが多いが、ジャワ島には女性の仮面舞踊手も少なからず存在する。インドネシアではジャワ島とバリ島のさまざまな地域で仮面舞踊が見られ、これらは物語世界を背景とする演劇としての特徴ももっている。演劇の項目で述べたような古代インドの叙事詩を仮面劇で上演する形態は多くの地域に見られる。ジャワ島東部の北側に位置するマドゥラ島では、ラーマーヤナとマハーバーラタに基づく仮面劇が見られる。

　またバリ島のチャロナラン *calonarang* 劇ではランダと呼ばれる魔女が登場する。この物語ではランダは魔術を使う寡婦として登場し人々に災いをもたらす存在として描かれている。白い髪の毛と大きく丸い目、長い牙をもった仮面をつけたランダは劇の中で白い布をもって登場し、この布が魔力のもととされている。ランダは人々に畏れられている存在であり、通常は仮面は寺院などにしまわれている。上演の中では仮面をつけた踊り手はトランス状態に達し、激しい演技を披露する。ランダに扮する踊り手は、仮面の魔力にとりつかれないように、男性のベテランの踊り手に限られるとされている。現在、観光客向けに演じられるバリ島のバロン・ダン

6）宮尾　2007：200-207

第5章 舞踊

写真81：バリ島のバロン

写真82：バリ島のトペン・パジェガン

スは、チャロナラン劇を土台として20世紀初頭に聖獣バロンとランダの戦いを描く舞踊として演出されたものである。バロンは、獅子その他の動物を模したとされる聖獣で顎髭に強い力が宿ると信じられている（写真81）。

バリ島にはこの他にもトペン・パジェガン topeng pajegan と呼ばれる仮面舞踊があり、これは寺院での儀礼などに演じられる奉納芸の一つで、バリ島に栄えた王朝の物語を1人の踊り手が仮面をつけかえながら演じる（写真82）。

ジャワ島北岸のチルボンは仮面舞踊がさかんな地域として知られている[7]。チルボンは15世紀後半にジャワ島

---

7) cf. 福岡 2002

で最初のイスラーム王国として建国された地域で現在でも当時の王宮文化の名残が見られる。王宮では中国との婚姻関係を結んだ歴史もあり、古くから外来文化の影響を強く受けてきた地域として知られている。チルボンの仮面舞踊には二つの上演形態があり、一つはパンジ物語を演じる仮面劇、もう一つは物語を演じないで仮面の持つ「性格」を表現する上演である。現在、前者のパンジ物語を演じる劇はチルボンではほとんど見ることができない。ただしジャワ島東部の高原都市マランにはこの形態

写真 83：ジャワ島チルボンの仮面舞踊手

が見られる。チルボンでは、もっぱら後者の「性格」を表現する形態が主流である。

　仮面舞踊の踊り手は通常 1 人で 10 数名の楽団を従えて一座を形成している。上演は朝から夕方までに 5 種ないし 6 種の仮面を着けかえながら、仮面のあらわす「性格」を音楽と舞踊で表現していく（写真 83）。この地域では、仮面舞踊は影絵とともに演じることが多く、通常は昼間に仮面舞踊、夜に影絵を上演する。また踊り手たちの多くは影絵の人形遣いの系譜をひいており、時には踊り手自身が人形遣いでもあるという場合も見られる。

　上演には物語の場面が部分的に挿入されることもあるが、通常はこの仮面舞踊は特定の物語を演じるというよりは、仮面の持つ抽象的な「性格」を表現するタイプの上演形態である。踊り手は「洗練された性格」から「粗野な性格」にいたるいくつかの段階的な「性格」を順番に踊り分けていく。仮面は色が白色から濃赤色にいたるまで段階的に変化し、また仮面

第5章　舞踊

の造形も切れ長の目の鼻筋の通った貴公子（女性役としても用いられる）の仮面から魔王の仮面にいたるまで段階的に変化している（写真84、85）。

そして随所に道化役者による道化の演技が挿入される。舞踊の上演では即興的要素が重視されているが、踊りの基本的な型は仮面の「性格」によって様式化されたものが定められている。基本の型をマスターした上で、それに独自のヴァリエーションを加えたり、それらを効果的に組み合わせたりする技量が踊り手の重要なわざの一部となる。

仮面舞踊の音楽は、チルボン独自の編成によるガムラン音楽である。第4章で述べたようにガムランは青銅、鉄、真鍮などを材料とした金属打楽器の合奏を総称するが、チルボンの仮面舞踊では鉄のガムランを用いることも多い。

ジャワ島の仮面舞踊に用いる仮面は、木製で裏側にベルトの切れ端などの皮片が取り付けてあり、演者はそれを口でくわえて顔に装着する。紐で縛ったり頭からかぶったりするものに比べると、一瞬のうちに仮面をつけることが可能となる。その代わり、演者はセリフを話したり歌を歌ったりすることはできないので、語り手が別に存在することが多い。

豊富な仮面舞踊のジャンルが見られるため、仮面そのものの造形やそれが表す性格表現などに着目してそれぞれの特徴的要素を比較してみるのも興味深いだろう。

写真84、85：チルボンの仮面舞踊に用いる仮面の一部
左：パミンド　右：クラナ

コラム　東南アジアの仮面

　仮面舞踊や仮面劇は東南アジアに広く見られる。仮面の素材や形態もさまざまなものがある。上記のジャワ島では、ジャックフルーツの木や現地でワルと呼ばれる硬くて軽い木を用いて仮面を作成する。演者が歯で噛んで装着するため、このタイプの仮面は軽いことが重要となる。バリ島でも仮面は木製であるが、装着方法はジャワ島と異なり、頭の後ろに紐などで結んで装着する（写真86）。

　またジャワ島、バリ島ともに語りを多用する道化役者の仮面は、顔の上半分のみを覆って口の部分は空いているものが多い。

　東南アジア大陸部のカンボジアでも仮面舞踊が見られるが、仮面は紙を用いて張りぼての方法で作られる。紙片を型に重ねて貼り付けて成型したものを頭の前の部分と後ろの部分に分けて作成し、最後に両者を張り付けて目と鼻の部分に穴を開けて彩色する。装着する時には頭からかぶる方式で装着する。カンボジアの仮面劇ラカオン・カオルでは、魔物役、猿などの動物の役の登場人物は仮面をかぶり、それ以外の王子や王女などの役柄の登場人物は仮面をかぶらない。このように地域やジャンルによっては、仮面が人間以外の存在の特徴的な造形を表現するために用いられる場合もある。

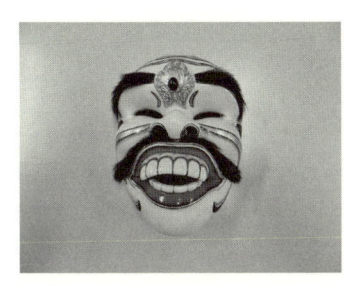

写真86：バリ島の仮面　シダカルヤ

第 5 章　舞踊

コラム　土産品の仮面、人形、楽器

　芸術上演に用いられる仮面や人形は、お土産品としても好まれている。ジャワ島中部グヌン・キドゥル県のボブンという村は昔から仮面作りがさかんな地域として知られてきた。ここでは仮面作りを専門とする人だけでなく、近所に住む手先の器用な少年たちがやってきて学校の休みの日などに仮面をたくさん作っている。木製の仮面は芸術上演の役柄に合わせて装飾や彩色が施されるだけでなく、お土産品としても独特な装飾や彩色がなされジョグジャカルタの町や首都のジャカルタなどへ売られていく。お土産用の仮面の造形は舞踊に使われるものとは異なる斬新なものも多い。中にはジャワ島のロウケツ染の更紗（バティック）のデザインを施したものもある。茶褐色の模様がつけられたバティック柄の仮面は、上演には使われないが土産品としてよく知られている（写真87）。

　影絵の人形も土産品として好まれており、上演にも使える大型のものから、栞として用いる小さなものまでさまざまな大きさのものが見られる。影絵人形の栞はパーティーなどのカードとしてもよく使われている。また影絵の人形のモチーフはロウケツ染の布やトランプの図柄としても多用される。影絵人形をかたどった布やTシャツなども見られる。

　ジャワ島西部で人形劇に用いる人形と同じ製法で作られた人形も土産品として売られている。人形の目を大きく描いてまつげをつけ、装飾品や衣装を華やかにするなどの

写真87：バティック柄の仮面

5-8 仮面と仮面舞踊

工夫を凝らして、人形が作られる。こちらも上演に用いる大きさのものもあれば、小型のものもある。また小型の人形の先がボールペンや鉛筆になったものもある。

楽器にも小型のガムラン楽器や竹笛、アンクルンなどの竹製楽器も見られる。飾っておくためのものから、かなり本格的に演奏も可能なものまでさまざまな大きさのものが見られる。楽器ではないが楽器に由来するお土産品として知られているのが、「ガムランボール」と呼ばれるアクセサリーである。これは外側に装飾をした半球型の真鍮二つを合わせた小型ボールの中に切り込みを入れた真鍮板と小さな金属の球を数個入れたもので、振ると金属音が鳴ることからこの名称で呼ばれている（写真88）。お土産品と上演芸術にもさまざまなつながりが見られるようだ。

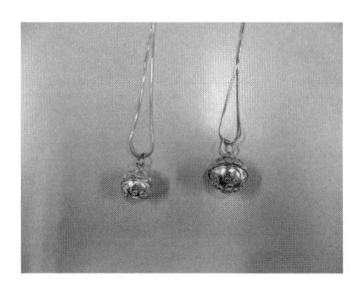

写真88：ガムランボール

5-9　アラブ起源の舞踊

　イスラーム世界起源の舞踊も見られる。インドネシアのスマトラ島やマレーシアでさかんに演じられるザピン *zapin* はアラブ起源の民俗舞踊で14世紀以前に中東から交易などを通してマレー世界に伝わった。ザピンの語源は「ステップ」を意味するアラビア語 zafin がもとになったという説もあり、この舞踊の中では音楽のリズムに合わせて演じられる足のステップが特徴的である。中東で結婚式の時に手拍子や掛け声や太鼓演奏とともに演じられた歌や跳躍などがこの舞踊のもとになった。

　イスラーム世界から伝わった舞踊であるが、宗教実践のための舞踊であるというよりは、イスラーム教徒の世俗的な結婚式や祭りなどで上演されていた。また本来は男性舞踊だが現在では男女で演じる場合も多く見られる。衣装は、男性はズボンの上に筒状の布を巻き長袖の上着を着て頭に帽子あるいは布を巻く。女性は筒状の布を下半身に巻き長袖の丈の長い上着を着て頭にスカーフを被ることが多い。

　舞踊は、冒頭部分、メインの舞踊の部分、終わりの部分などに分かれた構成を持ち、中間部でステップが重視される。

　音楽はアコーディオン（またはハルモニウム）、ガンブス（ウード）、ヴァイオリン、ルバナ（片面太鼓）、マルワスという小型の太鼓の演奏をともなう。小型の太鼓マルワスは踊り手たちが手に持って演奏しながら踊ることが多い。インドネシアでは、スマトラ島のほかにジャワ島の一部の地域やカリマンタン島などでも見られ、またマレーシアではジョホール近郊でさかんに上演されている。

5-10　現代舞踊

　伝統的なジャンルの舞踊に加えて、各地で舞踊創作活動が積極的に行われている。創作舞踊の中には、舞踊の振り付けや身体動作、作品の構成方法などの面で欧米のバレエやモダン・ダンスの影響を受けているものも多

5-10 現代舞踊

く見られる。

　現代舞踊は、コンテポレール kontemporer あるいはコンポシシ komposisi などの語を冠して呼ばれている。これらの舞踊の多くは、欧米のモダン・ダンスの影響を受けている。多くの現代舞踊家たちが、伝統的な舞踊を学んだ後に欧米のダンサーの薫陶を受けて、欧米起源の舞踊作品の概念に影響を受けつつ新たな身体運動を生み出す試みを続けている。

　ジャワ島を拠点として活動していた創作舞踊家のバゴン・クスディアルジョ Bagong Kussdiardjo（1928-2004）は、ジャワの伝統舞踊を学んだのち、アメリカ人舞踊家でモダン・ダンスの開拓者とされるマーサ・グラハム/グレアム Martha Graham（1894-1991）の薫陶を受け、1958年にジャワ島にスタジオを創り多くの舞踊家たちが集う場を生み出した。バゴンと同時期にマーサ・グラハム Martha Graham の影響を受けた現代舞踊家には、スマトラ島出身のセティアルティ・カイロラ、ウィスヌ・ワルダヤなどがいる。

　ジャカルタを拠点に活動するサルドノ・クスモ Sardono W. Kusumo（1945-）は、ジャワ島の伝統舞踊を学んだ後、ニューヨークでモダン・ダンスの研讃を積み、伝統色の強い舞踊劇からモダン・ダンスの作品にいたる多くの作品を生み出し、インドネシアの創作舞踊界を牽引する存在となっている。

　また第3章で述べたジャワ島出身のダンサーであるマルティヌス・ミロト（1959-）はジャワ伝統舞踊を学んだ後、ドイツのコンテンポラリー・ダンスの振付家ピナ・バウシュ Pina Bausch（1940-2009）率いるヴッパタール舞踊団で研鑽を積み、その後アメリカへ留学して UCLA の舞踊専攻科を卒業している。

　このように多くの現代舞踊家たちは、海外でモダン・ダンスを学んだ後に伝統舞踊の要素を活かしながらも新たな身体運動を生み出し創作活動を行ってきた。欧米のダンスとともに創作技法や舞踊作品の提示手法も学んだ上で、自らの作品創りに取り組んでいる。

　ジャワ島を拠点として活動する女形ダンサーのディディ・ニニ・トウォ Didik Nini Thowok（1954-）は伝統的なジャワ舞踊をベースとしてアジアの

第 5 章　舞踊

写真 89：Jecko's dance によるアニマル・ヒップホップの上演

女形舞踊の要素を融合した独自の作品を発表し続けている[8]。多くの舞踊家たちが欧米の現代舞踊に傾倒する中で、アジアの伝統的な女形をベースに独自の活動を続けている。

近年注目を浴びている舞踊団の一つに、ジェコ・シオンポ Jecko Siompo が率いる現代舞踊のグループがある。リーダーのジェコ・シオンポはインドネシア東部のパプア出身のヒップホップのダンサーである。パプアの自然の中で触れた動物や昆虫などの動きを取り入れ、「アニマル・ヒップホップ」と呼ばれる独自のスタイルを生み出してきた。音楽の伴奏は部分的に用いられることもあるが、基本的にはこのグループの上演は、動物の動きを模したダンスを複数のダンサーが演じるスタイルで進行する。動きの同調の中に見られる掛け声や逸脱的な動きなどを手がかりにしてさまざまな動きを組み合わせながら上演が展開する独自の手法が見られる（写真 89）。

5-11　民俗舞踊に基づく創作舞踊

　伝統的なジャンルの舞踊をもとにして新しく創られた作品も多く存在する。ジャワ島西部で 1980 年代に大流行した舞踊にジャイポンガン jaipongan がある。この舞踊は護身術舞踊とクトゥック・ティル ketuk tilu と呼ばれるジャワ島西部の民俗芸能をもとに創作された。クトゥック・ティルは、クトゥックと呼ばれる小型のコブつきゴングを三つ（ティルは 3 を意味する）用いる楽器の編成に由来する名称である。

---

[8] cf. 福岡　2014

5-11 民俗舞踊に基づく創作舞踊

現在の音楽の編成はジャワ島西部の大編成のガムランと女性歌手の歌、男性歌手の歌から成る。特徴的なのは、ガムランをリードする太鼓の演奏をフィーチャーしたことだ。太鼓のダイナミックな奏法と一体になった舞踊が特徴的である。ジャイポンガンという名称は「ジャイポン」という太鼓の擬音に由来する。創始者とされるググム・グムビラ Gugum Gumbira（1945-）は、ジャワ島西北部のカラワン県から太鼓奏者スワンダ Suwanda と女性歌手イジャ・ハディジャ Idjah Hadidjah を呼び寄せ、歌と太鼓をフィーチャーしたガムラン音楽を創り上げた（写真90）。

写真90：ジャイポンガンのカセットテープ　カラワン出身の歌手イジャ・ハディジャ

またググムとコンビを組んだ歌姫タティ・サレやウィス・コマリアもジャイポンガンの代表的歌手となった。ググムはジュガラ JUGALA（Juara dalam Gaya dan Lagu ダンスとサウンドのチャンピオン、の意）というグループを率いて、同名のレーベルで1980年代以降に多くのカセットテープを売り出した。この時代がカセットテープというメディアの最盛期であったこともあり、ジャイポンガンは当時ジャワ島西部で大流行し、ジュガラに追随する多くのグループや振付家が登場した。また、ジャワ島西部以外の地域でも流行し各地の舞踊などと結びついた独自のジャンル、ジャイポン・ジャワやジャイポン・バリ、またブレイクダンスなどを取り入れたブレイク・ポンなども生み出された。

ジャイポンガンの音楽は、スタジオ録音での効果によって太鼓や歌を拡声することは行っているが、それ以外の電気的サウンドを混合したり、西

第5章　舞踊

洋楽器を取り入れたりはしていない[9]。音楽的な中身としてはジャワ島西部の伝統音楽の形態がそのまま引き継がれている部分も大きい。だがやはり音楽の完成度や太鼓のダイナミックなパターンの強調などのゆえに伝統音楽に基づく新しい要素も見られる。さらに舞踊の方は、民俗芸能に基づくものもあるが新たな振り付けがされたものが多い。特に女性舞踊は、護身術の要素を取り入れたダイナミックでクールな振り付けになっており、民俗芸能の中の比較的緩やかな振り付けの女性舞踊とは一線を画す。このことは女性のすぐれた踊り手が活躍する契機ともなった。踊りに合わせてデザインされた衣装を用いることも特徴的だ。民俗芸能を土台とした作品の場合はその衣装をもとに新たなデザインがなされ、時には新しい発想に基づく独特な衣装も見られる。

　ジャイポンガンの特徴は、音楽や踊りの新しさ、カセットテープというメディアを通した流行、また一つの作品としてオリジナルの歌詞、曲、振り付け、衣装などを固定化した完成度の高さなどの要素であるだろう。

　カセットテープを通じてジャイポンガンの音楽が流行したことは、舞踊の振り付けにあまりいい影響を与えなかったという一面もある。創始者のググムは、民俗芸能を舞台芸術として鑑賞に堪え得るものに再生させたいという高い理想を持っていた。しかし現実には流行した音楽に合わせてオリジナルとは異なるいい加減な振り付けが巷で氾濫する結果ともなった。このことは創始者ググムの創作意欲を低下させたようだ。こうしたことも原因となり、ジャイポンガンのブームは次第に退潮していった。だが現在でもジャイポンガンはジャワ島西部では代表的芸能の一つとして定着しており、大きな行事、結婚式や割礼などの披露宴の席でその上演を見ることができる。またジャワ島西部の人形劇の上演の中でも、道化役者の人形が演技を披露する場面でジャイポンガンを演じることが多い。

　この芸能は、民俗芸能の現代化の一つの興味深い事例であると言えるだろう。

9）マニュエル　1992：481-495

5-11 民俗舞踊に基づく創作舞踊

> **ガイディング・クエスチョン**
>
> ①身振りによるコミュニケーションと言語によるコミュニケーションの違いはどのようなものだと考えますか？
> ②舞踊の衣装は身体の動きとどのような関係にあると考えますか？
> ③舞踊の上演における化粧と仮面の違いはどのようなものだと考えますか？

📖 読書案内

福岡まどか 著『ジャワの仮面舞踊』2002年 勁草書房

ジャワ島の北岸にあるチルボンという地域の仮面舞踊を対象として、親子二世代にわたる芸の伝承を考察した研究書である。主に伝統的な村落社会に活動拠点を置く母親と学術教育機関に活動拠点を置く娘を対象として、芸の習得プロセスや学習方法の違い、また社会における舞踊家の位置づけなどについての検討や考察が見られる。

福岡まどか 著（写真：古屋均）『性を超えるダンサー ディディ・ニニ・トゥォ』2014年 めこん

ジャワ島の古都ジョグジャカルタを拠点に世界的に活躍する女形ダンサー、ディディ・ニニ・トゥォ（1954-）の創作作品とライフヒストリーの軌跡を考察したものである。華人系ジャワ人として、また女形ダンサーとしてのアイデンティティに焦点を当てつつ、ユニークな創作作品の特徴や見どころについても紹介している。写真家の古屋均による多くの写真が掲載されており、また付録資料として上演の記録とインタビューのDVDが添付されている。

第5章　舞踊

松本亮 著『ジャワ舞踊バリ舞踊の花をたずねて　その文学・ものがたり背景をさぐる』2011年　めこん

インドネシア・ジャワ島とバリ島のさまざまな舞踊を取り上げて、その背景となる物語世界との関連に着目しつつ歴史的な成立過程や舞踊の特徴を考察した書物。物語世界という側面から舞踊を描き出していくことによって演劇と密接な関連を持つ舞踊の特色が詳細に記されている。筆者の撮影した多くの写真も随所に挿入され実際の上演のイメージが湧きやすい工夫が見られる。

宮尾慈良 著『アジア舞踊の人類学』1987年　パルコ出版

舞踊を対象として人間と文化について考えることを目的として書かれており、南アジア、東南アジア、東アジアなどの各地の舞踊の通文化的な考察が試みられている。全体は舞踊のコスモロジー、舞踊の身体学、舞踊の図像学の三つの部分に分かれている。全体を通して見応えのある写真が多く掲載され、巻末には用語解説などもあり、アジア舞踊に関心を持つ人にとってさまざまな示唆を与えてくれる書物であると言えるだろう。

📺 視聴覚資料案内

みんぱくビデオテーク　1613『トペン・チルボン―ジャワ島西部の仮面舞踊』　福岡正太監修

みんぱくビデオテーク　1636『ラカオン・カオル―カンボジアの仮面劇』　福岡正太監修

DVD　『インドネシアの伝統武術　シラット SILAT』　日本プンチャック・シラット協会監修　BABジャパン

第6章

ポピュラーカルチャーの発展

　交易や移民あるいは戦争などによる人とモノの移動は多くの文化交流を引き起こし、そうした外来文化の影響を受けてインドネシアの上演芸術は歴史の中で常に変化を遂げて発展してきたと考えられる。だが都市化やメディアの発達によってその生産・流通・消費のあり方が劇的に変化した19世紀末から20世紀にかけては芸術も新たな時代をむかえたと言えるだろう。都市部を中心に通信・交通網の発達による人々の移動がさかんになったこと、多文化的状況の植民地都市が発展したこと、西洋文化をはじめ外来の要素とのハイブリッドが起こりさまざまなメディアによって広まったことなどの影響を受けて音楽や舞踊や演劇は変化を遂げていった。都市部では大衆演劇が流行し、それにともなって多様な芸術ジャンルや楽器がもたらされた。さまざまな文化的出自を持つ人々が集まる植民地都市という空間で、特定の文化的出自に由来しない芸術文化が育まれたことを端緒に、ハイブリッドな上演芸術の発展と広がりが見られるようになる。そしてこれらの芸術ジャンルは、商業的な上演や興行を通して広まっていき、20世紀前半からはマス・メディアの影響を受けて流通していった。こうしたジャンルのポピュラーカルチャーとしての発展は現在にいたるまで見ることができる。これまで主に述べてきた「伝統的」とされる芸術

第6章　ポピュラーカルチャーの発展

ジャンルもメディアの発展によってさまざまな変化を遂げているが、ここでは特にこの時代に新たに成立した芸術ジャンルを中心としてその特徴を考察していく。

以下にクロンチョン kroncong、ダンドゥット dangdut と呼ばれる二つの代表的な音楽ジャンルについて検討し、またマス・メディアとポピュラーカルチャー、多様なポピュラー音楽の発展、映画産業の発展、の各項目について考察する。

6-1　クロンチョン音楽

この音楽の起源は 17 世紀であるとされている。オランダ植民地政庁によってバタビア（現ジャカルタ）近郊のトゥグーという居住区に移住させられたポルトガル系住民の人々が居住区の中で育んできた音楽である。トゥグーに住むポルトガル系住民たちは居住区で故国を懐かしむ音楽を演奏していた。

その後、19 世紀になってトゥグーに港ができ、人々の往来が盛んになったことによりこの音楽も徐々に広まっていく。言語も当初はトゥグーの方言（ポルトガル語に基づくとされる）で歌われていたが、次第にオランダ語あるいはマレー語で歌われるようになっていく。

その後クロンチョンは大衆演劇コメディ・スタンブルと結びついて植民地都市の空間に広まっていく。コメディ・スタンブルの名称はイスタンブールに由来するとされているが、この大衆演劇の中で上演されていたのは、トルコの演劇というわけではなく、西洋の物語のレパートリーなども含む多国籍の演劇であったと言われている[1]。演劇の中で流行歌を含めてさまざまな音楽が演奏されており、クロンチョンもその一つであったようだ。クロンチョンのテーマとしては、望郷、喪失、恋愛などが多く、メランコリックな喪失感が当時の主たるテーマであったとされている[2]（写

---

1) Cohen 2006：168-171，土屋 1991：125-128

6-1 クロンチョン音楽

真91)。

ではクロンチョンの音楽的特徴はどのようなものだろうか。この音楽の最大の特徴は楽器編成の中でパーカッションを用いずにストリングスでリズムを刻んでいくという点であろう。楽器編成には多少の違いがあるものの、通常はギター、コントラバス、フルート、バイオリン、そしてクロンチョンギターと呼ばれる小型のギターを2台用いる。この2台のクロンチョンギターが掛け合いで細かいリズムを刻んでいく。この他にピアノやトランペットなどが入る場合もある。ストリングスが細かいリズムを刻んでゆったりした旋律が流れるように演奏され、そこに歌が加わることがクロンチョンの音楽的特徴である。

写真91：クロンチョン楽団
CDジャケットより

20世紀に入るとクロンチョンはラジオの発展とともに普及していく。1920年代のラジオ放送の始まりとともに、それまでの作者不詳の音楽から作者名がある音楽として知られるようになった。またラジオでの音楽コンテストが始まるようになり、スター歌手が誕生する。

独立戦争期にはナショナリズムをうたう国家の歌として普及していく。インドネシアの国民的作曲家であるイスマイル・マルズキ（1914-1958）が創った「2つの大きな瞳」と題する名曲の中では、独立戦争期に戦場へ向かう兵士と一人の少女の出会いが描かれている。メランコリックでありながらゆったりとした旋律にのせてこうしたシリアスな内容の歌詞が付けられるという組み合わせは1940-50年代には多く生み出された。この他、日

---
2) 土屋 1991：121-125

第6章 ポピュラーカルチャーの発展

本ではジャワ島中部にあるソロ河の流れを抒情的に歌ったグサン・マルトハルトノ Gesang Martohartono（1917-2010）作の「ブンガワン・ソロ」という歌がよく知られている。1980年代には欧米ポピュラー音楽と融合したポップ・クロンチョンというジャンルも流行した。

　現在では、この音楽はポピュラー音楽の一ジャンルというよりはむしろ伝統音楽の一ジャンルとしての位置づけを持っているようだ。ラジオやテレビ、CDなどを通して楽しまれるだけでなく、アマチュアのクロンチョン・バンドが多く出現し、おもに中高年の人々が集まってともに演奏と歌を楽しんで行う機会が多く見られる。ちょうど日本のカラオケを楽しむ中高年の人々の集まりのような感覚であるようだ。その他、ステージ上での演奏もさまざまな機会に見ることができる。大規模なクロンチョンのコンクールも開催され、また選挙のキャンペーンなどの場でもステージ上で演奏されることが多い。結婚式などの行事に呼ばれて演奏を行うこともある。

　長い時間をかけて育まれたポルトガル系の人々の音楽が植民地都市で発展し、その後メディアの影響なども受けて都市に広まり、独立闘争期にはナショナリズムを表現する媒体となり、現在はインドネシア音楽の主要な一ジャンルとして人々にたしなまれている。クロンチョン音楽の発展は、ひとつの音楽ジャンルが時代の変化とともにその社会的な位置づけをさまざまに変えてきたプロセスがよく表れた事例であると言えるだろう。

6-2　選挙キャンペーンでのクロンチョン音楽の演奏

　2012年9月にジャワ島中部ジョグジャカルタで市長選挙が行われた。インドネシアの市長選挙は市長と副市長をペアで選出する方法で、この時には3組のペアが立候補してさまざまな選挙キャンペーンを展開していた。第3ペアのキャンペーンの一つが野外ステージにおけるクロンチョン楽団の演奏であった。このペアは候補者の衣装がジャワ男性の伝統的民族衣装にブランコと呼ばれる伝統的被り物を身につけていることが特徴的と

されていた。選挙の時には釘のようなとがった棒で支持する候補者の番号に穴を開ける方法で投票を行うので、ステージの横断幕には「ブランコに穴を開ける（つまり第3ペアに投票する）のを忘れずに Ojo lali coblos blangkone!」という言葉が書かれていた。クロンチョン音楽がこうした伝統色の強い候補者のキャン

写真92：市長選キャンペーンでのクロンチョン演奏
ジャワ島中部ジョグジャカルタにて

ペーンで演奏されるのは、この音楽が現在、どちらかというと伝統的な音楽の一ジャンルとされていることのあらわれでもあるだろう（写真92）。選挙のキャンペーンに音楽を演奏したり有名な歌手が参加することはインドネシアでは頻繁に見られ、後述のダンドゥットをはじめ、ロック、ポップなどのさまざまなジャンルのアーティストが選挙のキャンペーンに参加することが多い。

6-3　ダンドゥット

ダンドゥットは、スマトラ島北部ムラユ・デリ起源の合奏形態（オルケス・ムラユ orkes Melayu）にインド映画音楽、アラブ音楽、ロックなどの要素を融合した合奏と歌の形態として1970年代頃までに確立した音楽ジャンルである。名称のダンドゥットは、演奏に用いる太鼓のリズムパターンの擬音語に由来しており、メロディーラインや歌詞もさることながら、この音楽を最も特徴づけているのはグンダンと呼ばれる太鼓が生み出すビートのきいたリズムである。これは「ダン・ドゥット」と言語化される「弱・強」の対比が見られる4拍子の4拍目と1拍目のリズムとして知

第6章 ポピュラーカルチャーの発展

られる。今日までダンドゥットという音楽ジャンルの定義はさまざまであるが、その顕著な特徴は伝統楽器である太鼓と竹笛を使用する編成、ゴヤンと呼ばれる腰を揺らすパフォーマンスがあること、恋愛や日常を描いた歌詞が見られることなどが指摘されている[3]。

　ダンドゥットの発展にはロマ・イラマ Rhoma Irama というアーティストの存在が大きくかかわっている。1947年生まれのロマ・イラマは幼少期からジャワ島西部の音楽や西洋音楽を含む多くの音楽を体験した後、1960年代の終わりころから汎インドネシア的な新しい音楽表現の模索をはじめ、1970年代にダンドゥットというジャンルを定着させた[4]。太鼓のビートのきいた彼の音楽は都市部に出稼ぎにきていた若い男性労働者を中心に多くの人々の人気を得るようになった。ロマの功績は、外来の音楽の要素を取り入れただけでなく、それらを基に民族独自のジャンルを成立させたことであろう。彼はオルケス・ムラユをベースにしつつ、インド音楽やアラブ音楽、また当時流行していたロックの音楽的要素を融合し、それに伴って独自の楽器編成を作り出した。「ダンドゥット」と呼ばれる音楽編成の定義は明確でない部分もあるが、少なくとも竹笛スリンとグンダンという太鼓を用いる点は特徴的な要素と見なされている。グンダンのリズムは重要な要素であり、この音楽は本来「踊る」ための音楽として位置づけられてきた。ロマ自身も上演に際してさまざまな振り付けをつけて演奏を行い歌うことが多かった。またコンサートの聴衆もダンドゥットを聴くだけでなく音楽に合わせて激しく踊ることが普通である。

　独自のサウンドと楽器編成を確立させたロマは、サウンドに加えて自作の歌詞を通して人々にさまざまなメッセージを送ってきた。この点ではロマの歌声のもつ魅力も大きかった。創作当時の主たる聴衆であった都市の労働者階級の若者たちに対して、深い共感を寄せつつモラルの大切さや正しい生き方を説く。これらの例としては賭博や夜更かしを戒める「賭博

---

3) 田子内 2012：6-7
4) Frederick 1982：103-130、マニュエル 1992：476-477

Judi」、「夜更かし Begadang I」、また若者たちを励ます「夜更かし BegadanggⅡ」などがある。ロマのレパートリーの中には、「リラックス Santai」、「朝まで（踊ろう）Sampai Pagi」などに見られるように明確な社会的メッセージ性をもたないものもあり、またラブソングもある。だが特徴的なのは多くの歌にメッセージ性

写真93：ロマ・イラマのCDジャケット

を持たせたことであろう。彼は若い男性労働者たちをターゲットとして、自らを手本として提示しつつ、いつか苦労が報われて幸福な人生を手にすることができると励ました。

　歌を通してメッセージを伝えるだけでなく、自作自演の映画を通しても苦労を経てスターダムを達成する男性像を示してきた。その頂点とも言えるのが1980年の主演映画「闘いと祈り Perjuangan dan Do'a」である。実生活においても、自分自身をモデルとして提示しながらスターの座を築いていった。彼の初期のファッションはロック歌手から影響を受けたものが多かった（写真93）。ロマが上半身を露出してギターを抱え熱唱する姿は男性の「たくましさ」や「困難を乗り越える原動力」の象徴であり、若者たちの理想像となった。労働者階級の若者たちはロマのファッションを模倣し、振り付けをまねて彼の歌を口ずさみ、週末にはカセットに合わせて路上で踊り、そして彼の映画を見てコンサートで熱狂した[5]。こうした社会現象ともなったダンドゥットのアイドルとしてロマは君臨してきた。開発政策が進む時代であった1960年代後半から1980年代のインドネシア社

---

5) Frederik 1982：103-130

第6章 ポピュラーカルチャーの発展

会の中で都市の労働者の若い男性をターゲットとして彼が築き上げた音楽ジャンルがダンドゥットである。

ロマは社会批判も行った。1978 年にはサウジアラビアのメッカへ巡礼を果たし、ハッジとしての称号を得て、信仰や祈りの重要性も説くようになる（前述した「闘いと祈り」、「新聞とコーラン Koran dan Qur'an」など）。彼の纏うファッションも次第にイスラーム・ファッションへと変化し、信仰の大切さを説く「歌う伝道師」へと変貌を遂げる。だがロマの社会批判や宗教重視の姿勢は彼自身のスタイルであって、こうした路線は後進のダンドゥット歌手たちに引き継がれることはなく、音楽ジャンルのみが普及したという側面もある。1980 年代を頂点としてダンドゥットの人気の方向性には変化が見られるようになってきた。それはロマが政治の世界に参入し、イスラーム政党であった開発統一党から与党ゴルカルへ寝返ったことで人々の失望をかったという理由もあった[6]。1992 年に「インドネシア・マレー音楽家協会 PAMMI」の会長となったロマは、与党ゴルカルに急接近してダンドゥットのイメージアップに取り組んだ[7]。彼はその後もさまざまな作品を創りながら「低俗な、田舎の」ダンドゥットのイメージを払拭し、ナショナルなレベルの音楽として発展させていく。近年は従来のレパートリーを新たなアレンジでリバイバルすることにも力を注ぎ、また息子であるリド・ロマが斬新なサウンドでロマのオリジナル曲を発表している。ロマ自身も精力的に活動を続け、2010 年のアルバムにおけるプロモーション映像では、イスラーム服で白馬にまたがる姿を提示しつつオリジナル曲を披露している。

現在、ダンドゥットはポピュラー音楽ジャンルの一つとして定着し、後進の多くのアーティストたちが活躍している。首都ジャカルタをベースに活躍するグループであるチャンプル DKI なども人気を博した。また女性歌手も多く、ロマとコンビを組んだエルフィ・スカエシ Elvy Sukaesih

---

6) マニュエル 1992：477
7) 田子内 2006：174-175

(1951-)、リタ・スギアルト Rita Sugiarto (1965-) をはじめ、エフィ・タマラ Evie Tamala (1969-)、チュチュット・チャハヤティ Cucut Cahyati (1970-) などの歌手も知られてきた。

　ダンドゥットは現在でもインドネシアで生み出された独自のポピュラー音楽として、人々の民族的出自に関わりなく広く親しまれている。最近では若い女性歌手たちの活躍も目立つ。ライブのコンサートをはじめカセットテープ、CD、映画などのメディアやインターネットを通して生産、流通、消費がなされ、ポピュラー音楽として発展してきた代表的な一ジャンルであると言えるだろう。

6-4　イヌル論争

　2002年、インドネシアでダンドゥットの女性歌手イヌル・ダラティスタ Inul Daratista (1979-) のダンスをめぐる論争が起こった。イヌルのダンスは腰を激しく旋回する動き（現地でゴヤンと言われる）が特徴とされ、その動きをドリルに喩えて「ドリル型ゴヤン」と呼ばれた（写真94）。もともとはジャワ島東部をベースに活動していたイヌルは出演料も高くなく、地方をベースとする普通の歌手であった。だが彼女のユニークなダンスは違法にコピーされたビデオCDなどによって広まっていき、2002年に全国ネットのテレビに出演したことをきっかけに人気が急上昇する。イヌルは突如として高額の出演料を稼ぐ人

写真94：イヌル・ダラティスタのCDジャケット

Goyang Inul Daratista 1998 ASC-03-12 BLACKBOARD IND.

気歌手となり、それにともなって彼女のダンスに対する論争も激しくなった。論争はこのダンスがエロティックな動きでありポルノアクションとして見なされるという見解をめぐって起こった。インドネシアのイスラーム評議会をはじめとして批判的な見方をした人々によれば、このダンスは「背教」であり「ポルノアクション」と見なされ、それを受けて多くの地域でイヌルのダンスが批判されコンサートが中止になった。前述のダンドゥットの王者ロマ・イラマも 2003 年にテレビでイヌルと対談しその席上でダンドゥットのイメージを貶めたとして彼女を叱責した。こうした意見に対して人々からはさまざまな反応が見られた。イヌルの上演を支持し、芸術的表現の自由を訴え、歌手の労働権利を守るべきだという見解も多く見られた。またこれを機に国内の女性団体の活動などが活発化する動きも見られた。

この論争はインドネシアにおける地方と中央、ジャワ的思想とイスラーム、男性と女性、情報の格差などの問題を浮き彫りにした論争として研究者、ジャーナリスト、文化人など多くの人々に注目された[8]。

6-5 マス・メディアとポピュラーカルチャー

ポピュラーカルチャーの普及にはメディアの発展が深く関係している。特に音声や画像のメディアについてみてみると、1930-40 年代のインドネシアではラジオが主要なメディアであった。人々はラジオを通して音楽や演劇に親しんだ。影絵や人形劇を含む多様な演劇のジャンルも主としてラジオを通して普及したため、音楽や語りなどの「音」の要素が重視される傾向があった。また当時のメディアとしてはレコードもあった。伝統歌謡や流行歌はラジオとレコードで普及し、またラジオでのコンテストなども行われた。国営ラジオ局の専属のアーティストとして活躍した歌手も多い。上記のクロンチョン音楽もラジオによって広まった時代があった。ま

---

[8] cf. 佐々木 2004, 田子内 2004, 2006, Heryanto 2008, Weintraub 2010

たクロンチョンと同時期に流行したセリオサ *seriosa*（seriousに由来するとされている）というジャンルの音楽もラジオを通して普及した。1950年代には映画を通して音楽が流行した。高価であったレコードに比べて映画館でインド映画やマレー映画を通して音楽を聴くのは人々の手軽な娯楽でもあった。後述するように1950年代以降はインドネシア国産の映画が本格的に作られるようになった時代とされている。この時代のおもな画像メディアとしては映画のほかにコミックや画像の多い小説なども普及していた。インドネシアにおけるテレビの本格的な普及は1970年代後半であった。国営テレビ局は1962年に設立されたが当時はまだ首都などの限られた地域でしかテレビ放送を見ることはできなかった。1976年に国内通信衛星パラパが打ち上げられ国内全土のテレビにテレビ番組を送ることが可能となり、テレビの受信機は1970年代後半から急速に普及した[9]。こうしたテレビの普及により、演劇や音楽の視覚的側面が強調されるようになった。前述の人形劇などでも、声や歌に加えて人形の技巧的な動きなどが人々の注目を集めるようになり、歌手もまた歌声に加えて容姿が重視されるようになってきた。1989年にはジャカルタで初の民放局RCTIが開局し国営テレビ局による独占体制が終わり、その後相次いで民放が開局していった[10]。

1970年代からはカセットテープが流行した。カセットテープは東南アジアの各国で主要な音声メディアとして普及した。安価で長時間の録音が可能なカセットの普及によって、さまざまな音楽が流行し、各地でカセットテープ産業が活発化した。上記のダンドゥットやジャイポンガンなどもカセットテープ産業によって流行した音楽ジャンルであると言えるだろう。カセットテープは現在でも見られるが、1990年代からCDやビデオCD（VCD）などの普及も見られる。ビデオCDは東南アジアに広く見られる画像と音声のメディアで、コンピューターで視聴ができ専用のプレー

---

9) 野中 1993：133，小池 1998：195-196
10) 小池 1998：194-201

第6章 ポピュラーカルチャーの発展

ヤーを購入する必要がないため手軽なメディアとして普及している。前述のイヌル論争の際には、違法コピーの VCD が広く出回ったことも特徴的とされている[11]。画像メディアの普及とともに、現在では多くの人々がパソコンや携帯電話などのパーソナルメディアを用いて音声や画像にアクセスするようになっている。Youtube などに上演をアップしているのは、伝統芸術の芸術家からポピュラーカルチャーの担い手にまでいたる。またメディアの発展により、故国を離れて暮らす人々も音楽を手軽に楽しめるようになり、そうした移民コミュニティーの人々がメディアを通して自らのアイデンティティや同じ民族の人々との連帯を確認することもある。

6-6 多様なポピュラー音楽の発展

欧米のポピュラー音楽の諸ジャンルはインドネシアにおいても広く普及してきた。

いわゆる欧米のポップスにインドネシア語の歌詞がついたポップ・インドネシア *pop Indonesia* と呼ばれるジャンルは、バンドのみならずオーケストラの編成なども含む多様な音楽編成を内包しながら、広く普及している（写真95）。

ポップス界のヒットメーカーであるメリー・グスロウ Melly Goeslaw（1974-）はメランコリックなバラード調の歌

写真95：歌手クリス・ダヤンティの CD ジャケット
KRISDAYANDI KD 2007 wea 5051442122220 CDW 0139

---

11) Heryanto 2008：29-31

から軽快なテンポの若者映画の主題歌にいたるまでさまざまな曲を生み出して人々の心をつかんでいる。

これらのポップと総称される音楽の中には、歌われている言語を除くと音楽的にはほぼ欧米のポップと変わらないものも多く見られる。一方でインドネシアの独自性がフィーチャーされたポップのジャンルもある。たとえばポップス風にアレンジされたクロンチョンであるポップ・クロンチョン *pop keroncong* と呼ばれるジャンルなども生み出されている。楽器編成はクロンチョンの伝統的な編成ではなくバンド編成を基本とするが、細かいリズムにのせてゆったりとしたメロディーラインが歌われるという点で音楽的にはクロンチョンの特徴を踏襲している（写真96）。

写真96：ポップ・クロンチョン カセットテープのジャケット
歌手ヘティ・クス・エンダン

このほか1970年代にはダンドゥットや1960年代の流行歌とはやや路線を異にした、詩的内容の歌詞を新たなサウンドにのせて歌うポップ・クレアティフ *pop kreatif*（創造的ポップの意）と呼ばれるジャンルが派生した。多才なミュージシャンとして知られるハリー・ルスリ Harry Rusli (1951-2004)、初代大統領スカルノの息子であるグルー・スカルノプトラ Guruh Soekarnoputra (1953-)、多くのアルバムを生み出したクリシェ Chrisye (1949-2007)、映画製作も手がけ政治家でもあるエロス・ジャロット Eros Djarot (1950-) などの男性歌手たちがクールなサウンドの歌を多く生み出してこうしたジャンルを確立していった。

1980年代には社会批判などのメッセージを乗せた多くのポピュラー音

第6章 ポピュラーカルチャーの発展

写真97：ジャワ島西部の地方ポップ　ポップ・スンダのCDジャケット

歌手デティ・クルニア『デティ・クルニア　ダリ・スンダ』1991 WAVE a Division of PISA Co. Ltd. SRCL 2135

楽も生み出された。文学者として活躍するレミー・シラドRemy Sylado（1945-）がこうした社会派ポピュラー音楽の先駆者として知られている。またフォーク・ロック界のスターであるイワン・ファルスIwan Fals（1961-）などもこうした流れをくむアーティストとして知られている。

「地方ポップ」pop daerahと呼ばれるジャンルもある。これは地方独自の民謡など歌謡のジャンルがポピュラー音楽化したもので、歌詞が地方語で、歌手も民族衣装をまとい、楽器編成にもその地方の独自性が見られ、音楽的にも音階やリズムなどに各地の音楽的特徴が見られる。地方ポップは、1970年代以降にインドネシアの地方都市でカセットテープ産業が発展したことによって普及した。地域や音楽のジャンルによっては西洋のバンドとの融合が起こりやすいものもある。ジャワ島西部の地方ポップであるポップ・スンダpop Sundaは、後述する先駆者ウピット・サリマナの活動に見られるように西洋のバンド編成にジャワ島西部の伝統音楽のジャンルを取り入れた多くのレパートリーが生み出されてきた。ジャワ島西部の女性歌手デティ・クルニアDetty Kurnia（1960-2010）は伝統音楽家の家系出身で、チャルンと呼ばれる竹の楽器の合奏音楽の歌手として活躍していたが、ポップ・スンダの歌手として知られるようになった。1990年代にはワールドミュージックのブームの中で来日公演も行った（写真97）。

この他にもスマトラ島西部ミナンカバウの音楽をベースにしたポップ・ミナンpop Minangや、バリ島の音楽をベースとするポップ・バリpop

6-6 多様なポピュラー音楽の発展

Bali などのさまざまな地方ポップのジャンルを見ることができる。

首都ジャカルタ周辺のブタウィの人々の間で絶大な人気を得たベンヤミン Benyamin Sueb（1939-1995）は、ガンバン・クロモン *gambang keromong* と呼ばれるブタウィ音楽のジャンルも取り入れながら、歌手、映画俳優、コメディアンとして 1960 年代以降に活躍した。

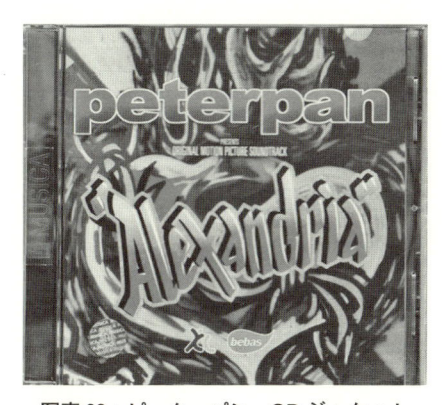

写真 98：ピーターパン　CD ジャケット
Peterpan "Alexandria" 2005 Musica Studio's

一方でジャズをはじめ、レゲエ、マンボ、ボサノヴァなどのラテン音楽もインドネシアに広く普及している。1950 年代のマレー映画の中でもこれらの多くの曲が取り入れられており、映画上映を通してインドネシアでも流行した。

このほか 1950 年代から 1960 年代にかけて、ラテン・アメリカ音楽やアメリカ経由でもたらされたロックンロールなどがインドネシアで流行した。国民的音楽の創成を理想としていたスカルノ時代の 1959 年にはこれらの音楽は一度禁止されたが、インドネシアのスタイルのロックンロールを演じたクス・ブルソウダラ Koes Bersaudara（1960 年結成の兄弟バンド、1969 年にクス・プルス Koes Plus と改称）などの活躍も見られた。その後 1960 年代後半から経済開発を主眼とする西寄りの政策がすすめられたスハルトの時代にロックは再び流行し現在まで多くのすぐれたグループを輩出してきた。スランク Slank（1983 年に結成）、ギギ Gigi（1994 年に結成）、ピーターパン Peterpan（1997 年に結成）などのバンドは海外でも人気を誇り、コンサートや CD のリリースなどを通して活躍している（写真 98）。

第6章　ポピュラーカルチャーの発展

6-7　ジャワ島西部のポップ（ポップ・スンダ）の先駆者　ウピット・サリマナ

　ポピュラー音楽の中でもスンダの伝統歌謡の影響を色濃く残しているものを特にポップ・スンダと呼ぶ。ジャワ島西部は歌の豊富な地域であり、歌手にも有名な人が多い。歌手・映画俳優またコメディアンとしても知られるビン・スラメット Bing Slamet（1927-1974）をはじめとする著名なアーティストを輩出してきた。その中でもウピット・サリマナはポップ・スンダの代表的女性歌手と言えるだろう。

　ウピット・サリマナ Upit Sarimanah（1928-1992）は 1928 年にプルワカルタに生まれ、7 歳のときにジャカルタへ移る。スンダ歌謡とクロンチョンを学び、国営ラジオ局 NIROM（後に RRI となる）の歌手となる。スンダの歌番組にレギュラー出演し、また当時流行していたクロンチョンも歌ったようだ。ラジオ局でジャワ島西部の人形劇を放送する際には歌手として参加した。1960 年代になって彼女はバンドンの M.ヤシン率いるナダ・クンチャナと共にさまざまなポップ・スンダを歌い始める。「バジン・ルンチャット」をはじめ、数々のヒット曲を送り出す。1973 年にハッジの称号を得てからは宗教歌謡の歌手としても活躍する。1960 年代から 1970 年代にかけての彼女の活動は、ジャカルタの国営ラジオ局から発信されていたインドネシアの最新の音楽と常に接点を持っていた。彼女の活動はスンダ音楽とバンド音楽との融合の試みであり、彼女はポップ・スンダの先駆け的存在だと言えるだろう（写真 99）。

写真 99：ウピット・サリマナ

6-8 映画産業の発展

　インドネシアでは20世紀初頭から映画製作の動きが見られたが、国内でヒットした最初の国産映画はオランダ人のバリンによる『月光』(1937年)とされている[12]。当時のインドネシアでは巡回の大衆演劇が流行しており、この映画もそうした現代的な演劇の要素を取り入れたもので、役者もまた舞台俳優であった。映画の流行によって大衆演劇から映画への転換期が訪れるが、この時代は1942年の日本軍の侵攻によって終止符を打たれ、プロパガンダ用の短編が主に作られるようになる。映画専門の教育機関の設立も見られたが長く続かず映画人たちも戦争への参加を余儀なくされていった。独立後の1950年代になって国産映画の本格的な製作が始まる。一方で、歌の多いメロドラマのマレー映画は1950年代前半にインドネシアで人気を博し、国産映画に対する脅威となった。マレー映画は徐々に制限されていったが1950年代後半には今度はインド映画が人気となり長期にわたって上映されて、国産映画は再び岐路に立たされた。1960年代に政府は輸入映画の検閲基準を下げて輸入映画によって映画産業を立て直した。国産映画においても検閲基準が下がり社会の批判が高まったことを受けて、1972年に政府は検閲基準をふたたび厳しくした。だが、国内の経済の回復の兆しが見られた1970年代以降、映画産業は再びさかんになる。1980年代には映画人を育てる教育機関の設立や映画祭の実施などが見られるようになった[13]。厳しい検閲基準などはあったもののすぐれた作品や国際映画祭で評価される作品も生み出されていった。そして、1980年代終わりには年間の制作本数が100本に達する。1990年代に入ってからはアメリカ映画の自由化にともなって、国産映画は厳しい競争を強いられた。衰退気味であった国内の映画界は1990年代後半から再び勢いを取り戻して若い映画人の活躍も始まり活況を呈している。

---

12) ビラシ 2001：125-127
13) ビラシ 2001：125-127, Heider 1991：21-24

第 6 章　ポピュラーカルチャーの発展

　インドネシア映画のテーマにはさまざまなものが見られる。ラブストーリー、アクション、コメディ、ホラー、超自然的な力をもつ聖人を描いたものもある。一方で伝統的物語を題材とするものや、歴史的題材を扱ったものなどもある。独立闘争期や日本軍占領時代などを描いた作品も多い。アクションの中で武術（シラット）を描いたもの、ホラーの中で妖術などを描いたものがあることもインドネシアに特徴的な点であろう。また社会派の作品には民族や宗教の違いを扱ったもの、貧困問題を描いたもの、また文化や自然の多様性をテーマとする作品もある。国内の B 級映画館で親しまれる作品から国際映画祭などで受賞して世界的な評価を受けるものまで幅広い作品がある。

　また多くの歌手が活躍した音楽映画も見られる。前述のロマ・イラマもダンドゥットの映画を多く製作したことで知られ、またビン・スラメット Bing Slamet（1927-1974）、ベンヤミン Benyamin（1939-1995）などの歌手たちも映画の中で活躍した。

　1960 年代に活躍した国産映画の映画監督として知られるウスマル・イスマイル Usmar Ismail（1921-1971）の 1961 年に独立を扱った「自由のための戦い」は国際的な舞台で評価を受けた。シュマン・ジャヤ Sjuman Djaya 監督（1934-1985）は、1960 年代から 1980 年代にかけて活躍した。「ドゥルの少年期」（1972 年）などの映画は国内で大ヒットをおさめたことで知られている。ウィム・ウンボ Wim Umboh（1933-1996）監督も多くの作品と受賞歴があることで知られている。

　1970 年代に活躍した監督としてはトゥグー・カルヤ Teguh Karya（1937-2001）が知られている。トゥグー・カルヤは「テアトル・ポピュレール（大衆演劇の意）」劇団を結成し、多くの後進の俳優や監督を育てた。後に俳優・監督として活躍するスラメット・ラハルジョ、女優・監督であるクリスティン・ハキム Christine Hakim（1956-）などが知られている。スラメット・ラハルジョ Slamet Rahardjo（1949-）は俳優・監督として多くの映画で活躍している。弟であるエロス・ジャロット（1950-）監督とともに国際映画祭などで高い評価を受けた作品を含め、多くの作品を生み出した。

1980 年代から活躍しているガリン・ヌグロホ Garin Nugroho 監督は、映画に加えて音楽のビデオクリップなども手がけている。また環境問題に高い関心を示す作品を創り、環境保全の NGO 団体も設立している。

スハルト体制期のインドネシアにおいて、映画は国民文化創成の主要なジャンルとして位置づけられていた。さまざまな差異は見られるものの、どちらかというと個人というよりは理想の家族像や集合的なアイデンティティのあり方が重視されてきた。だが 2000 年代以降の映画の中では、個々の人間の生き方やアイデンティティに重きを置いた作品も増えている。こうした背景には、現代社会で教育を受けて育ってきた若い監督たちの活躍もある。

1998 年に 4 人の若手監督によって製作されたオムニバス形式の映画「クルドゥサック」は自主製作映画のさきがけと位置づけられている。映画人協会に属さずに半ばゲリラ的に製作されたこの映画は、都市に生きる若者たちの行き詰まった状況を描いた内容もさることながら、その自主製作方法の面で後進の多くの映画人たちに影響を与えた作品として知られている。監督のリリ・リザ Riri Riza（1970-）、ミラ・レスマナ Mira Lesmana（1964-）、ナン・アハナス Nan Achnas、リザル・マントファニ Rizal Mantovani は現在まで精力的に映画製作や研究に携わり、インドネシア映画界を牽引する存在となっている。また 4 人のうちの 2 人は女性監督で、その後のインドネシア映画界における女性の製作者陣のさきがけでもある。

1998 年にスハルト大統領が退陣して報道やメディアに関する規制が緩和されたこともあいまって、2000 年代に入りイスラームに焦点を当てた作品や、ジェンダーやセクシュアル・マイノリティを取り上げた作品、華人の存在などをクローズアップした作品などが登場し、多くの意欲的な試みが見られる。若手女性監督ニア・ディナタ Nia Dinata（1970-）による「アリサン！」（2003 年）はインドネシア映画史上初めてゲイの男性に焦点を当て、自立した一人の社会人としての描写を行った映画として知られている。同監督によって 2002 年に制作された「チャバウカン」は華人の存在

第6章　ポピュラーカルチャーの発展

写真100：DVD『愛の章句』

に焦点を当てた作品である。歴史の中で光を当てられてこなかった華人系住民の存在を取りあげた作品も作られるようになってきた。2008年にハヌン・ブラマンティヨ Hanung Bramantyo 監督（1975-）によって小説をもとに作られた映画「愛の章句」はエジプトに留学したイスラーム教徒のインドネシア青年をめぐる愛と宗教の物語として大ヒットした。（写真100）。

　これらの作品からは、情報のグローバル化によって人々がさまざまな価値観の影響を受けていることを知ることができる。こうした背景には出版物や報道、文化表現に対する規制の緩和の影響も見られるが、学歴や識字率の高まりなどによって人々がさまざまな方法で知識や情報を吸収している現状がある。都市部の中間層を中心として広まりつつあるイスラーム意識の高まりの影響も顕著である。その一方で情報のグローバル化に触発されたマイノリティの人々が社会に対してカミングアウトを行い自らの正当な位置づけを主張する現状も見られる。

　2008年にリリ・リザ監督によって作られた「虹の兵士たち」は国内で大ヒットをおさめた。この映画は錫鉱山のあるブリトゥン島を舞台として小説家アンドレア・ヒラタ Andrea Hirata（1967-）の自伝的小説をもとに創られた。豊かな錫産業の陰で貧富の格差を抱える島を舞台に廃校寸前の学校に学ぶ個性的なこどもたちの姿を描いた作品として知られている。またこの映画は多くの島々からなるインドネシアにおける地方を舞台とする作品としても重要な位置づけをもつ。映画産業の中心である首都ジャカルタや大きな都市ではなく、一地方の島を舞台としている点でも特徴的な作品

150

である。製作を手掛けた Miles Films ではその後もインドネシアの多様な地方を舞台とした多くの作品が生み出されている。

　映画の中で扱われるテーマも多様化している。たとえば 2015 年にアジア・フォーカス福岡国際映画祭でインドネシアの作品が 8 本上映されたが、その際の上映作品にはアクション映画をはじめ、やや伝統色の強い作品もあり、ロードムービー、スポーツ映画、さらに独自の映像世界を構築するタイプの作品も見られた。テーマや表現の仕方にはさまざまな方向性が見られるようだ。

　またいわゆる若者向けの映画も多様な発展を見せている。ルディ・スジャルウォ Rudy Soejarwo 監督（1971-）によって 2002 年にリリースされた『ビューティフルデイズ Ada apa dengan cinta?』は、高校生のヒロインが友情と恋愛のはざまで悩みながら生きていく姿を描いた映画である。インドネシアのポップス界のヒットメーカーであるメリー・グスロウが創った主題歌や挿入歌の魅力もあいまってアジア各地でヒットした映画として知られている。この映画の中には、詩の創作や朗読、また小説を通した出会いなどが描かれ、さらにヒロインの恋人役の青年の家族が政治的思想ゆえに置かれた社会的位置づけも描かれており、そうした点でインドネシアらしい設定も各所に見受けられる。しかし全体としては悩みながら現代を生きる女子高生の姿が他地域の観衆を含む多くの人々の共感を呼んだ映画として位置づけられる。2016 年にはこの映画の続編が発表予定となっている。

　アグン・セントーサ Agung Sentausa 監督による若者映画『ガラシ』（2006 年）は、ジャワ島西部の都市バンドンを舞台にロック・グループを結成する若者たちを描いた作品である。ヒロインはロックの歌手として登場する。近年少しずつ変わりつつあるもののロック・グループのヴォーカルが男性主流とされている中で、ヒロインが中心的な役割として活躍する姿とそれを取り巻く恋愛や家族関係などが描かれる。この映画はヒロインの恋人であるベース奏者の青年がバンドンの伝統音楽グループを持つ両親の家の出身であり、ガレージを練習場にして彼らが音楽を創るという設定と

第6章　ポピュラーカルチャーの発展

なっている（ガラシはガレージの意味）。もう1人のドラム奏者の青年も交えて、恋の三角関係、音楽創りの課題、そしてそれぞれの家族との問題などもからめながら物語が展開する。この映画の中には多くのライブの演奏シーンがあるが、最後の場面では彼らのロック・グループとスンダのガムランとのセッションも見られる。インドネシアの現代の若者たちの姿が描かれた音楽映画だと言えるだろう（写真101）。

写真101：若者映画『ガラシ』DVDジャケット

　現代インドネシア社会においては、宗教的敬虔さや道徳観の認識と芸術表現やメディア表現やメディア表象との相克が見られる。ポピュラーカルチャーにおける表現は、階級、ジェンダー、民族、宗教などの差異、地域間格差や情報格差などをめぐるさまざまな価値観の相克を体現している。現代社会において人々が探究するアイデンティティを知るためには、ポピュラーカルチャーは一つの有効な題材となるだろう。

　一方で、インドネシアの歴史的な事件を扱った作品も注目を浴びている。2013年公開の「アクト・オブ・キリング」はインドネシアで1965年9月30日に起きた政変をめぐる一連の事件を扱った作品である。監督はアメリカ人のジョシュア・オッペンハイマー Joshua Oppenheimer。この作品は、スマトラ島のメダンという町を舞台として、当時の赤狩りで人々を拷問し殺害した加害者側にそのプロセスを追体験し再現させることによってこの事件について描くという独自の手法をとっている。その後、2015年に同監督によって公開された「ルック・オブ・サイレンス」では、実際に家族を殺害された人物が加害者たちを訪ねて対話していくプロセスを記

録することを通して被害者側の視点を軸にこの政変を描いていく。これらの作品は、実際に事件にかかわった人々の証言や行動からこの一連の事件を見つめなおし、人々の問いかけを促しながらこの事件を問い直していく試みである。こうした映画の製作とそれに対する社会の人々の評価をめぐる論争を通してインドネシアの公定の歴史（歴史教科書などに記される歴史）記述に関して議論が起こるプロセスを垣間見ることもできる。

また2015年公開の『ガルーダパワー』はインドネシアのアクション映画の歴史を跡づけたドキュメンタリー映画である。フランス人監督バスティアン・メルソンヌ Bastian Meiresonne によって作られたこの映画はこれまで人々にあまり知られていなかったアクション映画の歩みを、現存する映像資料と映画関係者たちのインタビューによって構成した作品である。

映画史を辿る映画が作られるようになってきた背景には、インドネシアで映画の資料館が作られるなど、これまでの映画製作の歩みを振り返って再評価するだけの作品の蓄積が見られるようになってきたことがあるだろう。またインドネシアの歴史的事件や映画史を海外の映画監督が描く作品が増えていることも近年のインドネシア映画に見られる特徴と言えるだろう。

第6章 ポピュラーカルチャーの発展

コラム　英領マラヤの映画産業を担った華人たち

　1930年代以降、英領マラヤの映画を担ったのは、華人による映画製作と映画産業であった。中華圏で製作された映画産業の顧客としてマラヤの華人たちが重要な位置づけを果たしていたことが背景となり、マラヤにおける映画産業が開始する。1937年に邵兄弟（ショウ・ブラザーズ）が、1952年にキャセイ・クリス・スタジオが華語・広東語映画とマレー語映画の製作を開始する。これらの華人系企業は、レストランや遊園地なども含めた複合娯楽施設を設立し、映画館を作って映画製作を行った[14]。

　邵兄弟は日本軍政終了後にインド大衆映画界から監督をリクルートして再びマラヤ映画界に乗りだし、多くのヒット作を生み出した[15]。第2次世界大戦後1960年代までは現在のシンガポールを拠点とする映画産業はその黄金時代であった。しかし1950年代末にショウ・ブラザーズ、キャセイともに華語・広東語映画の拠点を香港へうつし、1960年代後半には映画産業は下火になっていった。その背景には当時の不安定な政情や人々の嗜好の変化、テレビの普及などが見られた。現在、シンガポール中心部の

写真102：キャセイの映画館　　写真103：ショウ・ブラザーズの映画館

---

14) 篠崎　2011：323-324
15) 松岡　1998：211-222

オーチャードロード付近にキャセイの映画館が残されており、また町の北側バレスティア・ロードにショウ・ブラザーズの建物が残されている（写真102、写真103）。

　これらの華人系企業の活躍の後、1950年代から1960年代のマレー半島ではマレー語映画の全盛期が始まる。監督をはじめとする映画人の人材不足から、インドあるいは東南アジアの他地域から監督を登用するケースも見られたが、1960年代からマレー人監督による映画が製作されるようになり、後述するP.ラムリーのような大スターも現れることになる。

コラム　マレーシア音楽・映画の父　P. ラムリー（1929-1973）

　1950年代のマレー半島で映画スター、作曲家、歌手、として活躍したP. ラムリー P. Ramlee は1929年にイギリス植民地時代のペナン島で生まれる。少年時代は日本軍の占領期であり、日本海軍が運営する学校で学び日本人教師から日本の歌も多く習ったとされている。1945年にはペナンのラジオ局でギタリストとして演奏に参加し、日本人音楽家から作曲や演奏技法などを学んだ経験も持つ。優れた歌手でもあったP. ラムリーは映画の中でプレイバック・シンガーを使わずに自ら歌った俳優として知られている。1950年代以降、映画を自作・自演し、主題歌と挿入歌も自分で作るというスタイルを確立し、数々のヒット作を売りだしていく。彼の作った音楽には当時の英領マラヤで流行していた欧米のポピュラー音楽、ルンバやマンボなどのラテン音楽、ハワイアン音楽、インド映画の音楽などが取り入れられていた[17]。彼は特にコメディに才能を発揮して、わかりやすいシンプルな物語に魅力的な曲をつけ甘い歌声でそれらの歌を披露した。1950年

---

17) 田子内 2012：108

第6章　ポピュラーカルチャーの発展

代前半には女優カスマ・ブーティとのコンビで知られ、50年代後半からはデュエットの相手であり3人目の妻でもあるマレーシアの国民的女性歌手サローマ Saloma とともに多くの作品を発表している。1973年に44歳で短い生涯を閉じるが、その間に約70本の映画と約250曲の歌を作曲した。ラムリーの曲は、現在でも多くのアーティストによってカヴァーされて人々に親しまれている（写真104、105）。

写真104：P. ラムリー　　写真105：サローマ

ガイディング・クエスチョン

①マス・メディアは上演芸術の発展にどのような影響をもたらすと考えますか？
②ポピュラー・カルチャーの生産と消費は人々のアイデンティティとどのような関連を持つと考えますか？
③メディア表現に対する検閲制度は人々の表現活動にどのような影響をもたらすと考えますか？

読書案内

マニュエル、ピーター 著　中村とうよう 訳『非西欧世界のポピュラー音楽』1992 年　ミュージックマガジン

> Manuel, Peter. *Popular musics of the non-Western World : An Introductory Survey.* First published in 1989 by Oxford University Press.
> 非西欧世界のポピュラー音楽について記述と分析が行われている大部な書物。インドネシアをはじめとして東南アジア各国のポピュラー音楽に関する詳細な記述も見られる。

松野明久 編『インドネシアのポピュラーカルチャー』 1995 年　めこん

> 文学、音楽、テレビ、映画、大衆小説などの多分野を網羅したインドネシアのポピュラーカルチャーの入門書。それぞれの分野でインドネシア研究の専門家である各執筆者の詳細な記述と分析が見られる。

田子内進 著『インドネシアのポピュラー音楽　ダンドゥットの歴史―模倣から創造へ』2012 年　福村出版

> この章でも取り上げた大衆音楽ダンドゥットの歴史的な変遷過程を多くの資料を用いて分析・考察した学術書。文献資料とともに、視聴覚資料、雑誌の記述、メディアに関する資料など広範にわたる資料の克明な分析が見られる。

『地域研究』vol. 13 No. 2　総特集「混成アジア映画の海：時代と世界を映す鏡」2013 年

> 地域研究コンソーシアムによる研究雑誌『地域研究』の中で組まれた総特集。この総特集は、冒頭の論文、座談会から、アジアの「映画大国」を襲うグローバルな波、混成のうねり―東南アジア映画の新たな冒険、映画に見るアジアのナショナリティの揺らぎの三つの部分にわかれている。各地域の専門家がそれぞれの見地からアジア映画についての分析を行っている。また各国の映画の資料に関する情報も記されている。

Heryanto, Ariel. 2008 *Popular Culture in Indonesia: Fluid Identities in Post-authoritarian Politcs*. Oxford University Press.
インドネシアのポピュラーカルチャーとアイデンティティに関する広範な研究成果を集めた人類学的書物。社会階級、ジェンダー、民族、などに関わるアイデンティティ表現としてポピュラーカルチャーが生産・流通・消費されていくさまざまな事例が扱われている。

視聴覚資料案内

Yampolski, Philip 1991 *Music of Indonesia 2, Indonesian Popular Music: Kroncong, Dangdut, and Langgam Jawa*. Smithsonian Folkways (CD).

P. Ramlee. (n.d.), MDVD 730, INNOFORM Media, AETN ALL ASIA NETWORKS,(DVD)

映画

インドネシア

Ayat-ayat Cinta. 2008 監督 Hanun Bramantyo

Arisan! 2003 監督 Nia Dinata

Laskar Pelangi 2008 監督 Riri Riza

マレーシア

Talentime. 2008 監督 Yasmin Ahmad

インドネシア映画日本語字幕版

『ビューティフルデイズ Ada apa dengan cinta?』2005（監督：ルディ・スジャルウォ）ジェネオンエンタテインメント株式会社

タイ映画日本語字幕版

『風の前奏曲』2005（監督：イッティスーントーン・ウィチャイラック）Towa Fortissimo Films, ASBY-3500

コラム　東南アジアのポピュラーカルチャーに影響を与えたインド映画

　伝統芸術には古代インド叙事詩をはじめとしてインド文化の影響が見られるが、東南アジアのポピュラーカルチャーにもインドの影響が色濃く見られる。映画大国として知られるインドからは映画監督や俳優などの人材が東南アジアの各地にやってきて、映画産業を担ってきた。監督や俳優などの人材だけでなく、映画製作の手法や音楽の発展などの面でもインド映画の顕著な影響を見ることができる。音楽や歌が挿入される形式で作られていること、またそれらの歌は吹き替え専門の歌手によって歌われたことなどが当時のインド映画の主要な手法であった。インド映画の影響を受けていたマレー半島の映画産業の中でも 1950 年代中頃までは、映画の重要な場面で歌が挿入されるインド娯楽映画の手法が用いられていた[16]。歌は吹き替えのプレイバックと呼ばれる方式で専門の歌手の声を録音していた。マレーシア映画の父とされる P. ラムリーがプレイバックではなく自分で歌を歌った最初の映画俳優として知られている。

　インド映画は音楽にも多大な影響をもたらした。インドネシアのポピュラー音楽の主要なジャンルの一つであるダンドゥットはマレーの音楽にアラブ音楽やインド映画の音楽、そしてロックを融合して創られた。特にダンドゥット独特のリズムを生み出す太鼓グンダンはインド音楽に用いるタブラによく似た構造をもち、楽器にもインドの影響が見られる。その他、ヴァイオリンやハルモニウム（小型オルガン）などの西洋楽器もインド経由で東南アジアにもたらされ、大衆演劇などで演奏に用いられて広まっていったとされている。ハルモニウムは中東起源の詩の朗誦から発展したガザルと呼ばれる歌謡の際にも欠かせない楽器となっている。

16）田子内　2012：107

第7章

上演芸術の保存と継承

　グローバル化の進む現代世界において、人・モノ・情報の大規模で急速な移動によって特定の地理的空間と文化との結びつきは自明のものではなくなってきている。科学技術や貨幣経済の浸透、物質文明の影響、観光化、近代教育の普及などによって世界各地における文化的営みにはさまざまな変化が起こっており、インドネシアもその例外ではない。これらの変化は人々のライフスタイルや価値観にも影響をもたらし、ローカルな社会や共同体のあり方あるいはそこで育まれる伝統文化の重要性が疑問視される現状もある。こうした中で伝統文化の存続は時として脅かされ、また変化を余儀なくされている。

　グローバル化に関するこれまでの研究の中では、帝国主義的な文化が必ずしも世界のローカルな文化を均質化するわけではなく、常にローカルな文化に対してネガティブな影響を及ぼすとは限らないことも指摘されてきた[1]。たしかにインドネシアの上演芸術の現在の姿からは、グローバル化の影響も含めてさまざまな興味深い発展のケースが多く見られる。その一方で、伝統的とされる芸術の上演が減少し衰退しつつあるケースも見られ

---

1) アパデュライ 2004：58-127、cf. 三尾・床呂 2012

る。ここではこうしたさまざまな変化を念頭において、国民国家創成の歴史における文化政策以降の時代における芸術の保存や継承に関する取り組みを考察してみたい。

以下に上演芸術の変容、文化政策、芸術教育機関の設立、芸術保存と継承の取り組み、伝統芸術を次世代へ伝え遺す活動、の各項目について概観する。

7-1　上演芸術の変容

現在の上演芸術において顕著に見られる変化としては、観光芸術として創られている過程において伝統芸術の表現方法や意味が変化すること、近代教育機関の影響によって上演芸術の学習方法や伝承に変化が起こっていること、インターネットや各種メディアが一般化することによって上演芸術の世界でもネットを通した流通や消費が見られること、などが挙げられる。

上演芸術が観光化していくことの是非に関してはさまざまな議論が見られる。本来の上演とは違うコンテクストでの上演を行うことで、その芸術上演に付与される意味が変わってしまう場合もあるだろう。また質の高い上演を常に保つことの難しさもある。観光客にとっては常に上演を観るチャンスがあるということは歓迎される要素であり、また一方で演じる側にとっては定期的な上演機会と収入が保証されるという側面もある。上演芸術の観光化をめぐっては今後もさまざまな問題が議論されていくと考えられる。世界有数の観光地として知られるバリ島の上演芸術に関しては、観光化についての興味深い成果が多く見られる[2]。

また経済発展や高学歴化にともなう人々の移動は、特定の地域的空間と上演芸術との結びつきという前提を変化させつつある。さらに教育の普及や情報のグローバル化によって、芸術の主たる上演機会である儀礼とそれ

---

2) cf. 山下 1999

を支える信仰に関して宗教的正当性をめぐる価値観の相克が見られる。特にインドネシアで近年都市部の中間層の人々を中心に再興しつつあるイスラーム思想の影響もあいまって、これらの「伝統的」な上演芸術は「後進的」なものであるととらえられ、芸術を支える信仰の在り方もまた正統な宗教の見地から批判を受けることがある。芸術家に金銭を支払って長時間の芸術上演を依頼することについての時間の浪費や経済的浪費に対する批判的見解も受けて、儀礼が簡略化され、芸術上演が省略されることなども起きている。今日、ジャワ島などでは多人数の音楽家に演奏を依頼せずにキーボード奏者 1 人によって演奏されるオルガン・トゥンガル organ tunggal と呼ばれるジャンルを依頼することも多く見られる。場合によっては芸能上演をイスラームの祈祷師による祈祷に替えることもある。

　これらの変化は必ずしも負の側面のみを持っているわけではない。だがこうした状況の中で、ライブでの上演機会が減りつつあること、とりわけ演劇などのジャンルにおいては地方語や複雑な物語の難しさという点から伝統芸術離れが進んでいることも事実である。

7-2　文化政策

　伝統的な上演芸術の保存と育成のために、政府もさまざまな試みを行ってきた。1966 年から 32 年間にわたって政権を握ったスハルトの体制下においては、中央集権的な文化政策が実施され、国内各地の文化を集積することによって多様性をもつ国民国家の文化を形成することが重視されてきた。この文化政策の特徴は、種族意識を顕在化させる媒体として芸術や表象文化を積極的にクローズアップしたこと、また種族や民族の概念を「地方」すなわち国家を形成する「州」という行政単位と同義に位置づけたことにある[3]。音楽、演劇、舞踊などの上演芸術は、多くの人々にアピールしやすい媒体として文化政策の中で重視されてきた。そして、特に各地方

---

3) 加藤 1996：32, 鏡見 2012：18, 福岡 2002：18-22

の芸術様式を州ごとに競うというコンテストなどの形態によってもこれらの上演芸術は注目されてきた。政策の中では芸術フェスティバル、コンテストの実施を通した文化の保存・育成・発展が奨励された。芸術フェスティバルは各地方の文化の頂点となり得る芸術様式を選定する重要な機会とされてきた。多くの場合、コンテストの形式で各地の芸術の価値を競い合う。本来は、芸術的な価値に優劣をつけるのは難しいことであるが、こうして特定の団体や個人に賞を与えることによって地方芸術の頂点を選定し、国民文化の創成を目指していった。また、後述するように各地での芸術教育機関の設立と教育活動も見られた[4]。

各地方自治体の文化観光局では、各地の伝統芸術の調査を通して上演芸術の種類や上演グループのリストを作成し、書物の発行などを通して地域の上演芸術の調査成果や各地の民話などをまとめる作業も行われてきた。この文化政策の背景には、地方文化の育成が国民文化の創成に統合されていくという国家の政策理念が存在する。スハルトの退陣後は、地方自治の時代となり、これらの政策においても地方自治体のイニシアティブが増しているという変化は見られるが、基本的な路線として各地域の上演芸術の保存・育成・発展の試みは重視されていると言えるだろう。

ユネスコの無形文化遺産認定も伝統芸術の存続に影響を与えている。インドネシアのワヤンは 2008 年（傑作宣言 2003 年）に、竹の楽器アンクルンの合奏は 2010 年に、またバリ伝統舞踊の三つのジャンルが 2015 年に無形文化遺産の代表リストとして登録されている。スマトラ島のサマン・ダンスは 2011 年に無形文化遺産の緊急保護リストに登録されている。これらのジャンルについては後述のコラムに概略を記してある。

7-3　芸術教育機関の設立

独立後のインドネシアにおける文化行政の中で、芸術の上演と伝承の形

---

4) 福岡　2002：142-151，2004：521-532

7-3 芸術教育機関の設立

態に影響をもたらした要因の一つが 1950 年代以降にインドネシアの各地に設立された芸術教育機関であった。芸術教育機関の制度とカリキュラムの内容は、研究と教育活動を通して芸術家たちの芸術実践のあり方をコントロールしてきたと言えるだろう[5]。

インドネシアにおける芸術教育機関設立の最初の試みは、1950 年にジャワ島中部の文化的中心地であるスラカルタにできた「インドネシア伝統音楽コンセルヴァトワール Konservatori Karawitan Indonesia（略称 KOKAR）」であった。この学校は高等学校のレベルに準ずる音楽学校で、1977 年には「インドネシア伝統音楽高等学校 Sekolah Menengah Karawitan Indonesia（略称 SMKI）」と改称された。ジャワ島中部の音楽だけでなく、ジャワ島の他地域、またバリ、スマトラ、スラウェシ、マルクなどの音楽を含めて国内各地の音楽が出会う場として構想されていたが、実際にはスラカルタの芸術伝統が重視される学校となった[6]。

その後、同じくジャワ島中部のジョグジャカルタにも 1961 年に「インドネシア舞踊コンセルヴァトワール Konservatori Tari Indonesia（略称 KORI）」という名称の舞踊専門高等学校が設立された。そして、1964 年にはアカデミーレベルの機関である「インドネシア舞踊アカデミー Akademi Seni Tari Indonesia（略称 ASTI）」が設立された。また先に述べたスラカルタにも同じ頃に「インドネシア伝統音楽アカデミー Akademi Seni Karawitan Indonesia（略称 ASKI）」が設立された。

1980 年代半ばに、これらのアカデミーはそれぞれ「インドネシア芸術大学 Institut Seni Indonesia（ISI）」「インドネシア芸術大学 Sekolah Tinggi Seni Indonesia（STSI）」と改称し、上演芸術に加えて美術、舞台芸術専攻の学位を取得することのできる教育機関となった。ジャワ島中部にこれらの芸術教育機関が設立されたのを皮切りに、インドネシアでは各地に芸術専門の高等学校や大学が設立され、各地方の芸術の発展に寄与している。

---

5) 福岡 2000：515-518
6) Sutton 1991：173-185

第7章 上演芸術の保存と継承

また先に述べたジャワ島中部の芸術大学は、現在にいたるまで各地の芸術教育機関の中心的存在として先駆的な芸術活動の見本を示す場となっている。

こうした芸術教育機関の設立は、各地方の文化を育成することに寄与し、またそうした各地方の芸術を集積した「国民芸術」と呼びうる芸術の創成を目指そうとする国家の政策理念の表れでもあった。

7-4 芸術保存と継承の取り組み

国の政策とは別に、国内のNGO団体などによる上演芸術の保存活動も見られる。たとえばジャワ島西部を本拠として活動する「ティカール・ヌサンタラ文化メディア協会 Tikar Media Budaya Nusantara、以下ティカールと記述」は、上演芸術の担い手たちの支援活動を通して伝統芸術の発展を促すことに加えて、上演芸術に関する書物の発行、芸術上演の記録作成、資材センター（アーカイヴズ）の整備、学校の教師や生徒に対する上演芸術ワークショップの開催などを通して地域の観衆の育成を行っている（写真106、107）。

このNGOの活動理念に見られるように、上演芸術は後継者が存在して技芸が伝承されることも必要であるが、それだけで存続できるわけではな

写真106：ティカールのロゴ　　写真107：ティカールの事務所

く、芸術家が社会において存在意義を持つことが必要である。そのためには上演芸術の価値を認識する観衆の育成という活動も重要となる。現代社会において地域と文化との結びつきが希薄になり地域コミュニティーの在り方が変化し、さまざまな価値観の相克が起こることによって上演芸術の重要性に対する人々の認識が薄れていることは、上演芸術の存続を難しくする要因ともなり得る。この NGO ではこうした状況をふまえて、主として教育現場に携わる教師や学生たちを対象として楽器作りや芸術上演に関するワークショップを行い、伝統芸術の価値や意味について人々に伝える試みを行っている。

　一方で本書の中でも示したように、さまざまなメディアを通して生産・消費されるポピュラーカルチャーのジャンルも豊富に見ることができる。情報のグローバル化やパーソナルメディアの低廉化・小型化によって多くの人々が上演芸術に触れることができるようになっている。また、人々はそれらの上演芸術を一方的に受け取るだけでなく、その表現や表象に対して自らの批評や意見を表明することも容易にできるようになっている。周辺の地域や他国の状況もふまえながら、多くの人々が Youtube やツイッターなどにコメントを寄せている現状がある。こうした状況は、人々が文化表現に関して議論を行う場を作っていくことにつながっており、文化表現のあり方やその背景となる思想や価値観に揺らぎをもたらしていく契機ともなり得るだろう。

7-5　研究者の参与の可能性

　こうした変化を目の当たりにして、筆者自身も研究者は当該地域の上演芸術に対して何ができるのかということを自らに問いかける機会も多くあった。研究対象の芸術の特徴やその伝承状況について詳細に調査し、分析・考察を行うことは重要である。たとえば 1989 年以降筆者はジャワ島北岸チルボンの仮面舞踊の上演についての考察を行い、上演の記録を楽譜の形で作成した。分析のためにも必要なデータであったものの、複雑な数

字譜の記録がどのくらいの意味を持つか疑問にも感じていた。だがその後2000年代になってから、筆者が調査を行った踊り手の後進の世代の音楽家や踊り手が、その楽譜を参照しながら学習している現状もある。詳細な分析・考察も無意味ではないと言えるだろう。

　一方で、研究者が実際の芸能活動や伝承活動に関与する可能性も考えていく必要があると痛感している。これは芸術研究者に限らず、フィールドワークを行う研究者が現地社会との関わりという課題に対して常に直面する問題である。実際に何ができるのかという問いは容易に答えの出るものではないが、いくつかの可能性を想定することはできるだろう。芸術研究者にとって比較的実現性の高いものとしては、記録の作成を挙げることができる。芸術上演の記録には、民族誌、写真、楽譜、録音、録画などのさまざまな媒体が想定される。特に時間芸術である音楽、舞踊、演劇などの上演の一回性という点を考慮すると、映像資料や録音を残すことは重要な作業である。上記の楽譜の事例に見られるように、研究成果や整理した資料を現地の人々に還元することは最低限行うべきことでもある。それに加えて、映像や録音などで可能な限り良質の上演記録を残すことも重要な作業である。映像作家や写真家との共同作業を行うことが可能であればより質の高い記録を作ることもできるだろう。特に近年では現地の芸術家や研究者がさまざまな機材を駆使してすぐれた記録を作成するケースも増えてきた。現地の芸術家や研究者と話し合って、共同で記録を作成することが比較的容易にできるようになってきているのが現状である。

7-6　伝統芸術を次世代に伝え遺す活動

　2012年と2013年の2回にわたって上述のティカールと共同で行った映像記録プロジェクトについて以下に記す。ティカールはジャワ島西部を拠点に活動していることもあり、活動に携わるのはジャワ島西部出身の研究者を中心とするメンバーである。上述のように活動の内容は上演芸術の伝承者たちの支援と観客層の育成、さらに上演芸術の記録作成など多岐にわ

7-6 伝統芸術を次世代に伝え遺す活動

たっているが、上記のプロジェクトに関係が深いのは観客層の育成活動と上演芸術の資料制作である。具体的には、学校教員と生徒たちを対象としたさまざまなワークショップや一般の人々を対象とする講演会などを行い、芸術上演の録音や録画を作成してそれらの資料センターを作る試みである。2012年3月と2013年3月にこのNGO団体と共同でジャワ島西部の人形劇の記録を行った。人形劇はジャワ島西部の代表的な芸術ジャンルであるが、今日その上演はいくつかの点で変化してきている。第一にこのジャンルがセリフや語りを多く含む演劇の形態であるため、言語とりわけ地方語に基づく独自の概念の表現世界に多くを負っている。そのため地方語を解さない他地域の人々や地方語離れがすすむ若い世代の人々などにとっては理解が難しいという問題がある。また第3章で述べたような豊かな物語世界は複雑で込み入った内容や錯綜した登場人物間の人間関係などを内包しており、これらは上演を見る観衆には民俗知識として必要とされているものの、こうした内容を理解できない人々が増えつつある現状も見られる。第二に通常は一晩をかけて上演するため、その上演の時間が現代人とりわけ都市部の人々のライフスタイルに合わなくなってきたことも挙げられる。仕事や学校などの時間が優先される生活の中で伝統芸術に独自の時間の流れを許容する余裕がなくなってきている現状もある。また第三に伝統芸術に対する価値観の変化という課題も見られる。第2章に述べたように伝統的芸術の上演はさまざまな儀礼の中で不可欠であると考えられてきた。だが現在特に都市部を中心にイスラームが再興しつつある現状もあいまって、伝統芸術の持つ力に対する価値観が変化しているように見られる。伝統芸術の上演を支える土着の知識や思想を後進性の象徴ととらえる見解もあり、またそうした知識や思想を支える土着の信仰に対して宗教的な正統性という観点から疑義が提示されることもある。このような考え方によって、儀礼が簡略化されたり、芸術上演を省略したりイスラーム祈祷などの他の形態に替えるということも起こっている。以上のような現状の中でジャワ島西部の人形劇も上演機会の減少、上演内容について造詣の深い観衆の不足、といった課題を抱えている。人形劇の映像記録プロジェ

第 7 章　上演芸術の保存と継承

写真 108：人形遣いアペップ・フダヤ氏が講演

写真 109：講演の観衆

クトはこうした背景の中で行われた。

　撮影に際しては上演者や演目の選定、場所の確保や上演時間などさまざまな事柄を共同で考えていった。共同作業を行うことによって、現地の人々が記録に残したいと考えている演目や上演の雰囲気についても知ることができた。演目は古代インドの叙事詩マハーバーラタの戦いのクライマックスの部分から採用された。上演はできるだけ普段の上演に近い形で行い、多くの観客が観ている状態で観客の歓声や喝采も含めて撮影が行われた。2012 年の上演はバンドンの博物館において学校関係者を主たる観客として 3 時間にわたって行われた。また 2013 年の上演の際には、上演に先立って現地の中等・高等学校・大学の生徒たちに向けて講演も行われた。普段は上演のみを行う人形遣いが学校の生徒たちに人形劇の上演内容や伝承形態について話をする機会があったことによって、学生たちにより関心を持ってもらうことができたようだ[7]（写真 108、109）。

　この NGO 団体の活動に見られるように、伝統芸術の保存は上演する側

7）福岡　2014：73-87

が技能を伝えていくだけではなく、それを享受していく人々の存在が不可欠である。伝統芸術を後世に伝え遺すためには観客の育成という側面も重要な要素であるだろう。

コラム　ユネスコの無形文化遺産に指定されている上演芸術

　2015年現在、ユネスコの無形文化遺産に登録されているインドネシアの上演芸術は以下の四つである。

　(1) ワヤン wayang puppet theatre、は影絵と人形劇の形態をもつ演劇である。ワヤンについては第3章に詳しく述べた。ワヤンという言葉を冠する上演芸術には人間が演じるものもあるが、無形文化遺産に登録されたのは人形を用いる人形劇と影絵の形態である。(2) アンクルン Indonesian angklung、はジャワ島西部の西ジャワ州とバンテン州に見られる竹の楽器である。竹筒の三分の一ほどを削った発音体をオクターブで枠に取り付けて振って演奏する。通常は一人が一音あるいは一和音を受け持ち、集団で演奏する。そのため、一つの音楽的な旋律を演奏するためには個人の演奏とは違って他のメンバーとの協力が必要になる。アンクルンの演奏は、チームワーク、お互いのメンバー間の尊重、また社会的な調和に資するものととらえられている。(3) サマン・ダンス Saman dance は、スマトラ島のアチェに住むガヨと呼ばれる人々たちの間で演じられる舞踊である。少年あるいは成人男性が横に列をなして座り、リーダー役が中央に座りながら上演をリードしていく。この舞踊の特徴は、歌いながら多くのボディ・クラッピングが見られることである。自分自身の身体を手で叩いたり、隣同士あるいは一人おいて交互にペアを組み、座った姿勢あるいは立膝の姿勢でお互いに手や身体を打ちあいながら演じるのが特徴である。(4) バリ伝統舞踊の三つのジャンル Three genres of traditional dance in Bali、バリの伝統舞踊の中の儀式舞踊、奉納舞踊、鑑賞用舞踊の三つのカテゴリーにおける九つの舞踊が2015年12月に新たにリストに加えられた。これらの伝統舞踊は高い芸術性を持っており地域共同体の中で祖先から子孫へと伝承されてきたものとされている。

これらの無形文化遺産のうち、(3) のサマン・ダンスは緊急保護リストに登録されている（http://www.unesco.org/culture/ich/index. 2016年1月15日最終閲覧）。

> **ガイディング・クエスチョン**
>
> ①グローバル化と上演芸術の変化との関係を身近な事例や関心がある地域の事例について考えてみてください。
> ②無形文化遺産登録は上演芸術の発展にどのような影響をもたらすと考えますか？
> ③上演芸術を次世代に伝承するためにはどのようなことが必要だと考えますか？

📖 読書案内

鏡味治也 編著『民族大国インドネシア　文化継承とアイデンティティ』2012年　木犀社

多民族国家インドネシアにおける多様な民族の文化的な営みについて、各地域をフィールドとする人類学者たちが考察した成果。上演芸術に関する論考はないが、現代インドネシア社会における文化の継承の問題を考える際には有用な視点を提供してくれるだろう。

倉沢愛子・吉原直樹 編『変わるバリ　変わらないバリ』2009年　勉誠出版

グローバルツーリズムの中で大きく変容しつつあるバリ島を舞台として、歴史、観光化、伝統社会における人々、ことばなどの諸側面から考察を行っ

第 7 章　上演芸術の保存と継承

た多様な成果を集めた論文集。芸術に関する論文、メディアに関する論文なども所収されている。

星野紘 著『世界遺産時代の村の踊り―無形の文化財を伝え遺す』2007 年 雄山閣
　日本の民俗芸能、東アジアと中央アジアの民俗芸能を対象として、無形文化財の保存と継承の問題を考察した書物。日本における無形文化財保護の歴史を含めて、ユネスコにおける世界規模での無形文化遺産保護の動きなどを背景とする各地の民俗芸能の伝承における課題が考察されている。

山下晋司 著『バリ観光人類学のレッスン』1999 年　東京大学出版会
　バリ島の文化事象を事例に観光を切り口として文化の生成の状況を描きだした研究成果。19 世紀以降のバリ島に対する観光のまなざしの経緯をたどりながら、外界の影響や刺激に対して柔軟な対応を行ってきたバリ文化の状況を解き明かしている。この本の中では「同質化＝消滅の語り」に対峙する「生成＝創造の語り」が展開される。バリ島に多く見られる日本人観光客の特質についての分析も見られる。またバリ以外の観光化の事例も考察しながら、観光に焦点を当てて文化の動態を考察している点も興味深い。

　　視聴覚資料案内
UNESCO HP より映像資料にアクセスすると指定登録されているジャンルの映像による紹介が見られます。
http://www.unesco.org/culture/ich/en/lists からインドネシアのものを検索。

参考文献・資料

日本語書籍

赤松紀彦編　2014　『アジアの芸術史　文学上演篇Ⅱ　朝鮮半島、インド、東南アジアの詩と芸能』　京都造形芸術大学・東北芸術工科大学出版局　藝術学舎

石坂健治他監修、夏目深雪、佐野亨編　2012　『アジア映画の森　新世紀の映画地図』　作品社

伊藤俊治　2002　『バリ島芸術をつくった男　ヴァルター・シュピースの魔術的人生』　平凡社新書

井上さゆり　2007　『ビルマ古典歌謡の旋律を求めて：書承と口承から創作へ』　ブックレット《アジアを学ぼう》⑥　風響社

────　2011　『ビルマ古典歌謡におけるジャンル形成』　大阪大学出版会

井上貴子編著　2010　『アジアのポピュラー音楽：グローバルとローカルの相克』（双書：音楽文化の現在／東谷護企画代表・監修）(4)、勁草書房

今井昭夫（編集代表）　東京外国語大学東南アジア課程編　2014　『東南アジアを知るための50章』、明石書店

岩本裕　1980　『ラーマーヤナ』　第1巻、平凡社

────　1985　『ラーマーヤナ』　第2巻、平凡社

梅田英春　2009　『バリ島ワヤン夢うつつ―影絵人形芝居修行記』　木犀社

凱風社編集部編　1992　『サザン・ウィンズ―アジア映画の熱い風』　凱風社

風間純子　1994　『ジャワの音風景』　めこん

金子量重、坂田貞二、鈴木正崇編　1998『ラーマーヤナの宇宙』　春秋社

上村勝彦訳　2002-2005　『原典訳マハーバーラタ』　1-8　ちくま学芸文庫

小池誠　1998　『インドネシア―島々に織りこまれた歴史と文化』三修社

小泉文夫　1983　『呼吸する民族音楽』　青土社

坂野徳隆　2004　『バリ、夢の景色　ヴァルター・シュピース伝』　文遊社

佐藤忠男 他　1995　『映画で知るアジアのこころ』　亜細亜大学アジア研究所（アジア研究所叢書）

杉本良男　2002　『インド映画への招待状』　青弓社

田子内進　2012　『インドネシアのポピュラー音楽　ダンドゥットの歴史―模倣から創造へ』　福村出版

東海晴美、大竹昭子、泊真二取材編、内藤忠行、リオ・ヘルミ写真　1990　『踊る島バリ：聞き書き　バリ島のガムラン奏者と踊り手たち』　パルコ出版

柘植元一　1991　『世界音楽への招待　民族音楽学入門』　音楽之友社
柘植元一、植村幸生編　1996　『アジア音楽史』　音楽之友社
柘植元一、塚田健一編　1999　『はじめての世界音楽』　音楽之友社
土屋健治　1991　『カルティニの風景』　めこん
夏目深雪、石坂健治、野崎歓編　2013　『アジア映画で＜世界＞を見る　越境する映画、グローバルな文化』　作品社
福岡まどか　2002　『ジャワの仮面舞踊』　勁草書房
――――　2014　『性を超えるダンサー　ディディ・ニニ・トウォ』　めこん
――――　2016　『ジャワの芸能ワヤン　その物語世界』　スタイルノート
星野紘　2007　『世界遺産時代の村の踊り―無形の文化財を伝え遺す』雄山閣
前田成文責任編集　1991　『東南アジアの文化』　講座東南アジア学　矢野暢企画・編集代表　第5巻　弘文堂
前川輝光　2006　『マハーバーラタの世界』　めこん
マニュエル，ピーター著　中村とうよう訳　1992　『非西欧世界のポピュラー音楽』　㈱ミュージックマガジン
松岡環　1997　『アジア・映画の都』　めこん
松野明久編　1995　『インドネシアのポピュラー・カルチャー』　めこん
松本亮　1981　『マハーバーラタの蔭に』　ワヤン協会
――――　1993　『ラーマーヤナの夕映え』　八幡山書房
――――　1994　『ワヤンを楽しむ』　めこん
――――　2011　『ジャワ舞踊・バリ舞踊の花を訪ねて―その文学・ものがたり背景をさぐる』　めこん
見市健　2004　『インドネシア　イスラーム主義のゆくえ』　平凡社
三尾裕子、床呂郁哉編　2012　『グローバリゼーションズ―人類学、歴史学、地域研究の現場から』弘文堂
皆川厚一　1998　『ガムランを楽しもう：音の宝島バリの音楽』　音楽之友社（音楽指導ハンドブック20）
皆川厚一編　2010　『インドネシア上演芸術への招待：音楽・舞踊・演劇の世界』　東京堂出版
宮尾慈良　1987　『アジア舞踊の人類学：ダンス・フィールドノート』　パルコ出版
――――　2007　『舞踊の民族誌　アジア・ダンスノート』　彩流社
桃木至朗　他編　2008　『新版　東南アジアを知る事典』　平凡社
山際素男　編訳　『マハーバーラタ』1-9巻　三一書房
山下博司、岡光信子　2010　『アジアのハリウッド　グローバリゼーションとインド映画』　東京堂出版
山下晋司　1999　『バリ　観光人類学のレッスン』　東京大学出版会

吉田禎吾監修、河野亮仙、中村潔編　1994　『神々の島バリ―バリ＝ヒンドゥーの儀礼と上演芸術』　春秋社
四方田犬彦編　2003　『アジア映画』思想読本⑨　作品社

英語・インドネシア語書籍

Anderson, Benedict R. O'G. 1996 *Mythology and the Tolerance of the Javanese*. (second edition, first published in 1965) Cornell Modern Indonesia Project, Southeast Asia Program, Cornell University.
Brakel-Papenhuyzen, Clara 1995 *Classical Javanese Dance: The Surakarta Tradition and its Terminology*. KITLV Press (Verhandelingen van Het Koninklijk Instituut voor Taal-, Land-en Volkenkunde 155)
Brinner, Benjamin 1995 *Knowing Music, Making Music: Javanese Gamelan and the Theory of Musical Competence and Interaction*. The University of Chicago Press.
Buurman, Peter 1988 *Wayang golek: The entrancing world of classical Javanese puppet theatre*. Oxford University Press.
Cohen, Matthew Isaac 2006 *Komedie Stamboel: Popular Theater in Colonial Indonesia, 1891-1903*. Ohio University Research in International Studies. Southeast Asia series: No. 112. Ohio University Press.
Djajasoebrata, Alit 1994 *Shadow theatre in Java: The puppets, performance and repertoire*. The Pepin Press.
Dunham, S. Ann. 2009. Surviving against the odds: Village industry in Indonesia. Duke University Press. (Edited and with a preface by Alice G. Dewey and Nancy I. Cooper with a foreword by Maya Soetoro-Ng and an afterword by Robert W. Hefner)
Geertz, Clifford 1976 *The religion of Java*. The University of Chicago Press. (First published in 1960 by The Free Press)
Van Groenendael, M.C. 1985 *The Dalang behind the Wayang: The Role of the Surakarta and the Yogyakarta Dalang in Indonesian Javanese Society*. Foris Publications.
────────── 1987 *Wayang theatre in Indonesia: An annotated bibliography*. Foris Publications.
Haryanto, S. 1988 *Pratiwimba Adhiluhung: Sejarah dan Perkembangan Wayang*. Penerbit Djambatan.

Hatley, Barbara 2008 *Javanese Performances on an Indonesian Stage: Contesting Culture, Embracing Change*. NUS Press. (Asian Studies Association of Australia in association with NUS Press)
Heider, Karl G. 1991 *Indonesian Cinema: National Culture on Screen*. University of Hawaii Press.
Heryanto, Ariel. 2008 *Popular Culture in Indonesia: Fluid Identities in Post-authoritarian Politcs*. Oxford University Press.
―――――― 2014 *Identity and Pleasure: The Politics of Indonesian Screen Culture*. NUS Press Singapore in association with Kyoto University Press Japan.
Hood, Mantle 1982 *The Ethnomusicologist*. (new edition) The Kent State University Press. (originally published on 1971 by McGraw-Hill, Inc.)
Hooker, Virginia Matheson ed. 1995 *Culture and Society in New Order Indonesia*. Oxford University Press.
Howe, Leo 2005 *The Changing World of Bali: Religion, Society and Tourism*. Routledge.
Hutari, Fandy. 2011. *Hiburan masa lalu dan tradisi local: Kumpulan esai seni, budaya, dan sejarah Indonesia*. Insist Press.
Janarto, Herry Gendut 1997. *Teater Koma: Potret Tragedi & Komedi Manusia* [*Indonesia*]. Penerbit PT Grasindo.
Jones, Gordon 1994 *Exploring the Music of the World: Music of Indonesia*. Heinemann Educational (book with cassettes).
Keeler, Ward 1987 *Javanese Shadow Plays, Javanese Selves*. Princeton University Press.
―――――― 1992 *Javanese Shadow Puppets*. Oxford University Press.
Kristanto, JB. 2005. *Katalog film Indonesia 1926-2005*. Penerbit Nalar.
Kunst, Jaap 1973 (1934) *Music in Java (Its History, its Theory and its Technique)*, 3rd enlarged edn. ed. by E. L. Heins. Vol. I, Vol. II Martinus Nijhoff.
Kunst, Jaap 1994 *Indonesian music and dance: Traditional music and its interaction with the West*. (A compilation of articles (1934-1952) originally published in Dutch, with biographical essays by Ernst Heins, Elisabeth den Otter, Felix van Lamsweerde). Royal Tropical Institute/Tropenmuseum University of Amsterdam/Ethnomusicology Centre 'Jaap Kunst'
Kussudiardjo, Bagong. 1981. *Tentang tari*. Nur Cahaya.
Lindsay, Jennifer. Translated by Nin Bakdi Sumanto. 1991. *Klasik kitsch kontemporer: Sebuah studi tentang seni pertunjukan Jawa*. Gajah

Mada University Press.
McPhee, Colin (with an Introduction by James Murdoch) 2002 *A House in Bali*. (First published in 1947 by Victor Gollancz Ltd.) Periplus Editions.
―――――― 1976 *Music in Bali: A Study in Form and Instrumental Organization in Balinese Orchestral music*. Da Capo Press.
Miettinen, Jukka O. 1992 *Classical dance and theatre in South-East Asia*. Oxford University Press.
Moefkardi, Drs. 2011. *Sendratari Ramayana Prambanan*. KPG.
Mrazek, Jan ed. 2002 *Puppet Theater in Contemporary Indonesia: New Approaches to Performance Events*. Center for South and Southeast Asian Studies, University of Michigan. (Michigan Papers on South and Southeast Asia Number 50.)
Mulyono, Ir. Sri. 1982 *Wayang: Asal-usul, Filsafat dan Masa Depannya*. Gunung Agung (First published in 1975)
―――――― 1981. *Human character in the wayang: Javanese shadow play*. Gunung Agung.
Pauka, Kristin 1998. *Theater & martial arts in West Sumatra: Randai & silek of the Minangkabau*. Center for International Studies, Ohio University.
Peacock, James 1968 *Rites of Modernization: Symbols and Social Aspects of Indonesian Proletarian Drama*. The University of Chicago Press.
Picard, Michel 2006 *Bali: Pariwisata Budaya dan Budaya Pariwisata*. KPG.
Rosidi, Ajip 1997. *Cupumanik Astagina*. Bandung: Girimukti Pasaka.
―――――― 1985. *Manusia Sunda*. Inti Idayu Press.
Sears, Laurie J. 1996 *Shadows of Empire: Colonial Discourse and Javanese Tales*. Duke University Press.
Sen, Krishna, David T. Hill 2000 *Media, Culture and Politics in Indonesia*. Oxford University Press.
Sen, Krishna, David T. Hill eds. 2011 *Politics and the Media in Twenty-first Century Indonesia*. Routledge.
Soedarsono 1984 *Wayang Wong: The State Ritual Dance Drama in the Court of Yogyakarta*. Gadjah Mada University Press.
Soedarsono, R. M. and Tati Narawati. 2011 *Dramatari di Indonesia, kontinuitas dan perubahan*. Gajah Mada University Press.
Spiller, Henry. 2008 *Focus: Gamelan music of Indonesia*. Routledge.

(First published in 2004 by ABC-CLIO, Inc.)
Sumarsam 1992 *Gamelan*. The University of Chicago Press.
Sutton, R. Anderson 1991 *Traditions of Gamelan Music in Java: Musical Pluralism and Regional Identity*. Cambridge University Press.
Tan, Sooi Beng 1993 *Bangsawan: A Social and Stylistic History of Popular Malay Opera*. Oxford University Press.
Tenzer, Michael 1991 *Balinese Music*. Singapore: Periplus Editions (with a foreword by Steve Reich)
─────────── 2000 *Gamelan Gong Kebyar. The Art of Twentieth-Century Balinese Music*. The University of Chicago Press. (Includes two compact discs)
The Japan Foundation Jakarta. 2004. *Perkembangan Kebudayaan Indonesia: Seni rupa, tari, teater, sastra, music, film & penerbitan*. The Japan Foundation.
Upandi, Pandi. (Prof. Dr. Y. Sumandiyo Hadi sebagai pendamping) 2010 *Gamelan Salendro: Gending dan kawih kepesindenan lagu-lagu jalan*. Penerbit Lubuk Agung.
Weintraub, Andrew N. 2004 *Power plays: Wayang golek theater of West Java*. Ohio University Research in International studies.
─────────── 2010 *Dangdut stories: A social and musical history of Indonesia's most popular music*. Oxford University Press.
Weintraub, Andrew N. ed. 2011. *Islam and Popular culture in Indonesia and Malaysia*. Routledge.
Wiratmadja Apung S. 1996. *Kering jeung tembang Sunda: Pamanggih & Papanggihan*. Citra Mustika.
Yampolsky, Philip 2006 *Perjalanan Kesenian Indonesia Sejak Kemerdekaan: Perubahan dalam Pelaksanaan, Isi, dan Profesi*. PT Equinox Publishing.
Yousof, Ghulan-Sawar 1994 *Dictionary of Traditional South-East Asian Theater*. Oxford University Press.

論文等

青山亨　1998　「インドネシアにおけるラーマ物語の受容と伝承　物語と表現の変遷」　金子量重、坂田貞二、鈴木正崇編『ラーマーヤナの宇宙―伝承と民族造形』　春秋社　140-163頁

────　2009　「映画『オペラ・ジャワ』に見るラーマーヤナの変容」（特集＜かたち＞の変容）『総合文化研究』東京外国語大学総合文化研究所 (13)：37-60

赤松明彦　2014　「インドの文学」赤松紀彦編　『アジアの芸術史　文学上演篇Ⅱ　朝鮮半島、インド、東南アジアの詩と芸能』　京都造形芸術大学・東北芸術工科大学出版局藝術学舎　85-96頁

Foley, Kathy 1979 The Sundanese wayang golek: The rod puppet theatre of West Java. Doctoral dissertation, The University of Hawaii.

Frederick, William H. 1982 Rhoma Irama and the Dangdut Style: Aspects of Contemporary Indonesian Popular Culture. *Indonesia* 34, pp. 103-130

福岡まどか　2000　「ジャワ島西部における『地方芸術』探究活動：新たな芸術教育の確立」『東南アジア研究』37(4)：511-534

────　2004　「ジャワ島西部のワヤン wayang における叙事詩『世界』の形成：マハーバーラタを対象として」『国立民族学博物館研究報告』28(4)：571-596頁

────　2009a　「インドネシアにおけるラーマーヤナ物語の再解釈：R. A. コサシのコミックを事例として」『東南アジア　歴史と文化』38号、106-140頁

────　2009b　「ジャワ島の舞踊劇スンドラタリ sendratari におけるラーマーヤナの内容と提示方法」『東洋音楽研究』第74号、109-121頁

────　2010　「インドネシア・ジャワ島の影絵芝居と人形劇における物語：ラーマーヤナを事例として」『説話・伝承学』第18号、189-207頁

────　2011　「ジェンダーから見る物語　インドネシアのラーマーヤナにおける男性像と女性像」『大阪大学大学院人間科学研究科紀要』第37巻、251-273頁

────　2012　「女性性、男性性を考える　インドネシアのポピュラーカルチャーにおけるジェンダーとセクシュアリティ」『大阪大学大学院人間科学研究科紀要』第38巻、79-103頁

────　2013　「インドネシアにおける伝統芸術と大衆文化の相互関係　ジャワ島西部の人形劇とコミックのマハーバーラタ」『大阪大学大学院人間科学研究科紀要』第39巻、125-151頁

―――― 2014 「伝統芸能を次世代に伝え遺す インドネシアにおけるNGO団体の取り組みから」『大阪大学大学院人間科学研究科紀要』第40巻、71-91頁

―――― 2014 「インドネシアとマレーシアの上演芸術 島嶼世界における歴史と文化の重層性」赤松紀彦編 『アジアの芸術史 文学上演篇Ⅱ 朝鮮半島、インド、東南アジアの詩と芸能』 京都造形芸術大学・東北芸術工科大学出版局藝術学舎 169-180頁

Fukuoka, Madoka. 2014 Cross-gender attempts by Indonesian female impersonator dancer Didik Nini Thowok. *Wacana Seni Journal of Arts Discourse*. Jil./Vol. 13, pp. 57-83

―――― 2015 A study of femininity and masculinity: Gender and sexuality in Indonesian popular culture. *Osaka Human Sciences*, Vol. 1 : pp. 95-115

Heryanto, Ariel. 2008 Pop culture and competing identities. In Ariel Heryanto ed. *Popular Culture in Indonesia: Fluid Identities in Post-Authoritarian Politics*. Routledge, pp. 1-36

―――― 2011 Upgraded piety and pleasure: the new middle class and Islam in Indonesian popular culture. In Andrew N. Weintraub ed. 2011. *Islam and Popular Culture in Indonesia and Malaysia*. Routledge, pp. 60-82

井上さゆり 2014 「ミャンマーの芸能 口承と書承によって伝えられる芸能」、赤松紀彦編 『アジアの芸術史 文学上演篇Ⅱ 朝鮮半島、インド、東南アジアの詩と芸能』 京都造形芸術大学・東北芸術工科大学出版局藝術学舎 145-155頁

井上航 2014 「精霊とゴングと拘束なき雑多な集まり―北東カンボジアにおける供犠・憑依―」『東洋音楽研究』第79号 25-47頁

Jacobson, Edward and J. H. van Hasselt. Translated to English by Andrew Toth. 1975 The manufacture of gongs in Semarang. *Indonesia* 19, pp. 127-172. (originally published in 1907, De Gong-Fabricatie te Semarang. Rijksmuseum voor Volkenkunde, ser. 2, no. 15. Leiden: E. J. Brill)

加藤剛 1996 「『多様性の中の統一』への道―多民族国家」、宮崎恒二、山下晋司、伊藤眞編『暮らしがわかるアジア読本 インドネシア』、河出書房新社、25-34頁

見市健 2006 「イスラームの商品化とメディア」、『ジャカルタのいまを読む』、アジア遊学90 勉誠出版、117-127頁

National Museum of Ethnology 2011 Proceedings of International Symposium on Audiovisual Ethnography of Gongs in Southeast

Asia (National Institutes for the Humanities Inter-Institutional Research Project) March 14 and 15, 2011 at National Museum of Ethnology.

西芳実　2011　「信仰と共生—バリ島爆発テロ事件以降のインドネシアの自画像」『地域研究』Vol. 13 No. 2（総特集　混成アジア映画の海　時代と世界を映す鏡）: 176-200 頁

野中章弘　1993　「東南アジア随一の衛星放送先進国　インドネシア」アジアプレス・インターナショナル編『アジアTV革命　国境なき衛星放送新時代の幕開け』三田出版会　132-139 頁

大野徹　1993　「東南アジアのラーマーヤナ　インドネシア・マレーシア・フィリピンの伝承」『大阪外国語大学アジア学論叢』第3号　37-70 頁

―――　1998　「ビルマのラーマーヤナ　その特徴と周辺諸語版との関係」金子量重、坂田貞二、鈴木正崇編『ラーマーヤナの宇宙—伝承と民族造形』春秋社　164-197 頁

Oetomo, Dede. 1996 Gender and sexual orientation in Indonesia. In Laurie J. Sears ed. *Fantasizing the feminine in Indonesia*. Duke University Press, pp. 259-269

Picard, Michel 1990 Cultural tourism in Bali: Cultural performances as tourist attraction. *Indonesia* 49, pp. 37-74

Quigley, Sam 1995 Gong smithing in twentieth-century Surakarta. *Asian art & culture*. Vol. 8, no. 3, pp. 12-31

佐々木拓雄　2004　「戸惑いの時代と『イヌル現象』—大衆文化の観点からみたインドネシア・ムスリム社会の動態—」『東南アジア研究』42 巻 2 号, 208-230 頁

篠崎香織　2011　「シンガポール　『成功』を支えるさまざまな思いを掬い採る」『地域研究』Vol. 13 No. 2（総特集　混成アジア映画の海　時代と世界を映す鏡）, pp. 323-329

Suanda, Endo 1983 *Topeng* Cirebon: In its social context. Master thesis of Wesleyan University.

―――――――― 1985 Cirebonese *topeng* and *wayang* of the present day. *Asian music* 16(2), pp. 86-120.

田子内進　2004　「インドネシアのポピュラー音楽、ダンドゥットの発展—イヌル現象を読み解く」『東京大学大学院総合文化研究科地域文化専攻紀要』, 年報第7号, 261-286 頁

田子内進　2006　「ジャカルタ都市文化を映し出す大衆音楽ダンドゥット」,『ジャカルタのいまを読む』, アジア遊学 90　勉誠出版, 163-176 頁

上野太郎　2006　「映画が描くジャカルタの人間模様」,『ジャカルタのいまを読む』, アジア遊学 90　勉誠出版, 177-186 頁

山本博之　2011　「混成社会における約束―ヤスミン・アフマド作品の魅力」『地域研究』Vol. 13 No. 2（総特集　混成アジア映画の海　時代と世界を映す鏡），pp. 201-225
Yampolski, Philip 1989 'Hati yang luka' an Indonesian Hit. *Indonesia* 47, pp. 1-17

引用新聞記事

Kompas. 19 Januari 1998 Adanya Krisis Ekonomi: Pentaskan Wayang Kulit "Rama Tambak" コンパス紙

引用インターネット

Intangible Cultural Heritage UNESCO（ユネスコ無形文化遺産）
　　http://www.unesco.org/culture/ich/en/lists　最終アクセス 2016 年 1 月 15 日
Tentang Tikar Misi（ティカールについて　ミッション）
　　http://tikarmedia/or.id/　最終アクセス 2013 年 8 月 21 日

参照ディスコグラフィー

Alexandria. 2005, Peterpan, Musica Studio's（CD）
AZZA. 2010, Rhoma Irama, Falcon Music,（CD, DVD）
Detty Kurnia dari Sunda. 1991, WAVE a Division of PISA Co. Ltd. SRCL 2135（CD）
Djeruk Manis. n.d., Upit Sarimanah,（LP）
Goyang Inul. n.d., Inul Daratista, Blackboad Ind. Arga Record,（CD）
Hati Yang Luka. 1990, Pop Kroncong, Hetty Koes Endang, P.T. Musica Studio's,（Cassette tape）
Indonesian Popular Music: Kroncong, Dangdut, and Langgam Jawa. Music of Indonesia 2. 1991 Produced by Philip Yampolski, Smithsonian Folkways.
KRISDAYANTI. 2007 Warner Music Indonesia
P. Ramlee. n. d., MDVD730, INNOFORM Media, AETN ALL ASIA NETWORKS,（DVD）

P. ラムリー　マレイシアの伝説　1992　ボンバ・レコード BOM2043（CD）
サローマ　マレイシアの花　1992　ボンバ・レコード BOM2044（CD）
Sambasunda Quintet Java. 2011 Riverboat Records/World Music Network（CD）
Seunggah. n.d., Jaipongan, Jugala Record, (Cassette tape)
Siti Nurhaliza in Concert. 2005, Suria Records, (VCD)

「非西欧世界のポピュラー音楽」　1992　オーディブック
「地球の"聴き"方　バリ島」　2010　キングレコード

映画 DVD

Arisan!　2004　監督：Nia Dinata（インドネシア）Kalyana Shira Films
Arisan!2　2012　監督：Nia Dinata（インドネシア）Kalyana Shira Films
Ayat ayat Cinta　2008　監督：Hanung Bramantyo（インドネシア）MD Pictures
Garasi　2006　監督：Agung Sentausa（インドネシア）Miles Films
Laskar Pelangi　2009　監督：Riri Riza（インドネシア）Miles Films, Mizan Productions
Om Shanti Om　2010　監督：Farah Khan（インド）Eros International
Opera Jawa　2006　監督：Garin Nugroho（インドネシア）The Global Film Initiative
Peter Brook's The Mahabharata 2011 Sony Pictures SPHE India
Sang Pemimpi　2010　監督：Riri Riza（インドネシア）Miles Films, Mizan Productions
Talentime　2008　監督：Yasmin Ahmad（マレーシア）Primeworks Studios

日本語字幕版 DVD

『ビューティフルデイズ Ada apa dengan cinta?』2005（監督：ルディ・スジャルウォ、インドネシア映画日本語字幕版）ジェネオンエンタテインメント株式会社
『風の前奏曲』2005（監督：イッティスーントーン・ウィチャイラック　タイ映画日本語字幕版）Towa Fortissimo Films, ASBY-3500

おわりに

　異文化を研究する人類学の分野では調査地に長期にわたって滞在して現地の人々の暮らしに密着した調査を行うフィールドワークの実践が重視されている。こうしたフィールドワークの中では現地の人々とともに過ごしながら人々の日常生活や社会生活について参与観察を行い、またさまざまな知識を持つ人々にインタビュー調査を行うことなどが重要となる。芸術を研究する場合にもこうした現地での調査は同じように必要である。それに加えて特に音楽の人類学的フィールドワークで重視されていることがらの一つにバイ・ミュージカリティの習得がある。これは言語におけるバイリンガルと同様に一人の人間が同時に二つ以上の音楽伝統を身につけることを奨励する考え方である。

　学生時代にインドネシアで2年2カ月にわたって舞踊の研究を行った時に、私もこの音楽人類学におけるバイ・ミュージカリティの考え方にのっとって現地で実際に舞踊を習得することに重点をおいた。このように実際にその地の芸術伝統を学ぶもっとも重要な意味は、これまで持っていた音楽あるいは舞踊に関する自分のステレオタイプを実体験を通して脱構築し組み替えていくことであるだろう。頭で理解するだけでなく「実体験を通して」習得することが重要なポイントになる。模倣と反復をひたすら行うことで、自分の身体の中に動きやリズムを叩きこんでいく経験が必要となる。したがって現地調査ではすぐれた舞踊家や音楽家を探してそうした人々に弟子入りした。私にとってインドネシアの音楽家や舞踊家の多くは調査にあたってさまざまな情報を提供してくれたりインタビューに応じてくれるインフォーマントにとどまらず、音楽や踊りの手本を示して辛抱強く教えてくれる先生でもあった。

おわりに

　ジャワ島西部の高原都市バンドンに留学して、まずは現地の芸術大学舞踊専攻科に入って実技の授業に参加した。夕方や休日には大学の外で活躍する舞踊家の自宅やスタジオを訪れて個人レッスンに通った。その他、知人の結婚式など多くの行事にも参加してさまざまな上演を見る機会もあった。2年目以降はジャワ島北岸のチルボンへ頻繁にでかけ、そこで仮面舞踊手の上演に同行し、また舞踊を習った。
　舞踊の習得には音楽の習得との違いと共通点が見られる。違いは身体の動きを伴うため、特徴的な身体の動きを習得するのにかなりの時間を要する点である。ジャワ島西部の舞踊では首、肩、腕などの上半身がフィーチャーされる動きが多く、激しい動きではないが細かい動きが特徴的である。はじめのうちは自分の身体が思うように動かずもどかしい思いをしながら毎日学校に通い続けたが、教室で一緒だった友人たちにも助けられながら少しずつ身体の感覚として動きがつかめるようになってきた。一方で音楽の習得との共通点は、舞踊も時間の刻みを創っていく芸術であるという点だろう。舞踊の場合には演奏行為ではなく身体を動かすことを通して独自の音楽的時間を創りだしていく。プライベートでレッスンを受けていた私の先生の一人は高齢のため自ら身体を動かしてお手本を見せてくれることは少なかったが、カセットテープの音楽に合わせて自分の膝や椅子や机を叩いてリズムを刻みながら私の踊りを導いてくれた。その時にリズムを先取りしながら可能な限り多くの動きを効果的に同じ音楽の流れの中に組み込むやり方を教わった。舞踊は動きの型の実現のみが重要なのではない。どのようなタイプの舞踊であってもその型を演じるタイミングがとても重要になる。ジャワ島で受けた授業やレッスンを通して舞踊の上演とは人間の身体運動によって独特の時間を刻んでいくための技であるのだと体感することができた。
　こうして舞踊を練習しては観ることを繰り返しながら2年2カ月にわたって過ごすことによって舞踊と音楽が身体に刻み込まれていく体験をしたことは、留学時代の大きな収穫であった。この体験は現在に至るまで私自身の身体の中に残っているようだ。芸術に関するさまざまな調査・研究を行うときには、頭で知るだけでなく実体験を通して知ることが非常に役立つと考えら

れる。そしてこのように現地で実際に何かを学ぶことは他の分野にも応用できるだろう。言語の習得はもちろんであるが、それ以外にも食文化を研究したい人が伝統的農法や料理の技を学んだり、医療を研究したい人が薬草や治療法について学んだりすることもある。異文化を知るための方法は、決して頭で理解するものだけに限られない。体験を通して身体で覚えることもまた重要である。

　本書を執筆するにあたって実際に習得体験があるジャワ島の芸術を中心に取り上げて記述を行ったが、多様で広範なインドネシア芸術の全体像を提示できたとは言い難い。芸術の宝庫でもあるインドネシアに関しては、日本語、英語、インドネシア語、その他の言語で書かれた多くの文献資料があり、また貴重な録音・録画の資料も多く見られる。本書を読んでさらに関心を広げたいと考えた人は、ぜひそうした文献資料や視聴覚資料にもあたってインドネシア芸術の多様性に足を踏み入れてみて欲しい。

　本書の出版に際しては、大阪大学出版会、そして、編集を担当して下さった川上展代さんに大変お世話になった。ここに記して深く感謝いたします。

2016年3月　　福岡まどか

福岡まどか（ふくおか・まどか）

東京藝術大学音楽学部楽理科卒業
東京藝術大学大学院音楽研究科修了　修士（音楽）
総合研究大学院大学文化科学研究科修了　博士（文学）
専門は文化人類学、民族音楽学
1988年から1990年まで文部省アジア諸国等派遣留学生としてインドネシアの国立舞踊アカデミー（現国立芸術大学）バンドン校で西ジャワの舞踊を学ぶ
2004年、大阪外国語大学地域文化学科インドネシア語専攻助教授
2007年より大阪大学大学院人間科学研究科グローバル人間学専攻准教授

主な著作
『ジャワの仮面舞踊』（2002年　勁草書房　第20回田邉尚雄賞受賞）
『性を超えるダンサー　ディディ・ニニ・トウォ』（2014年　めこん，写真：古屋均）
『ジャワの芸能ワヤン　その物語世界』（2016年　スタイルノート）

大阪大学新世紀レクチャー

インドネシア上演芸術の世界
伝統芸術からポピュラーカルチャーまで

2016年3月31日　初版第1刷発行　　［検印廃止］

著　者　福岡まどか

発行所　大阪大学出版会
　　　　代表者　三成　賢次

〒565-0871　大阪府吹田市山田丘2-7
　　　　　　大阪大学ウエストフロント
TEL 06-6877-1614
FAX 06-6877-1617
URL：http://www.osaka-up.or.jp

印刷・製本　尼崎印刷株式会社

Ⓒ Madoka Fukuoka 2016

Printed in Japan

ISBN 978-4-87259-533-8 C1039

Ⓡ〈日本複製権センター委託出版物〉
本書を無断で複写複製（コピー）することは、著作権法上の例外を除き、禁じられています。本書をコピーされる場合は、事前に日本複製権センター（JRRC）の許諾を受けてください。
JRRC〈http://www.jrrc.or.jp　eメール：jrrc_info@jrrc.or.jp　電話：03-3401-2382〉